Ser
padres

Ser padres

Siete estrategias

para educar bien

a sus hijos

Kendra Smiley
con JOHN SMILEY

PORTAVOZ

La misión de *Editorial Portavoz* consiste en proporcionar productos de calidad —con integridad y excelencia—, desde una perspectiva bíblica y confiable, que animen a las personas a conocer y servir a Jesucristo.

Título del original: *Be the Parent* © 2006 por Kendra Smiley y publicado por Moody Publishers, 820 N. LaSalle Boulevard, Chicago, IL 60610. Traducido con permiso.

Edición en castellano: *Ser padres* © 2010 por Kendra Smiley y publicado por Editorial Portavoz, filial de Kregel Publications, Grand Rapids, Michigan 49501.

Todos los derechos reservados.

Traducción: Beatriz Fernández

EDITORIAL PORTAVOZ
P.O. Box 2607
Grand Rapids, Michigan 49501 USA

Visítenos en: www.portavoz.com

ISBN 978-0-8254-1793-1

1 2 3 4 5 / 14 13 12 11 10

Impreso en los Estados Unidos de América
Printed in the United States of America

Para Matthew, Aaron y Jonathan:
los tres responsables de que nosotros seamos padres.

Contenido

Agradecimientos

Este ha sido un proyecto precioso para mí, en parte porque la persona que merece tener su nombre en la portada de *todos* los libros que he escrito ahora se ha unido a mí como autor. Puedo decir honestamente que el gozo y el éxito que he experimentado como autora y madre se debe, en gran medida, al amor y la sabiduría de mi compañero en estas lides. Muchísimas gracias a mi esposo, John.

Gracias a nuestros hijos adultos (tres hijos por nacimiento y dos hijas por matrimonio) por su ánimo, su sentido del humor y su sabiduría. Su cariñosa supervisión como adultos me ha ayudado a comunicarme de forma más precisa y comprensiva. Gracias a: Matthew y Marissa, Aaron y Kristin, y Jonathan.

Gracias a mis padres y a mis suegros que nos dieron la vida y crearon nuestra "normalidad", que tiene aspectos positivos definidos.

Gracias a Kevin Howells, mi agente, que llegó a nuestra vida en el momento justo. Sus ideas, su entusiasmo, su profesionalidad y su ánimo han sido una bendición en lo que escribo, en lo que hablo y para mi familia. Kevin, tu desinteresada ayuda me ha permitido servir a Dios en áreas donde nunca habría imaginado poder hacerlo. Tú has hecho que mi ministerio se amplíe.

Gracias a mis amigos en MOODY… especialmente a mis editoras Peg Short y Ali Childers, y también a mi publicista Janis Backing. Señoras, ¡ustedes integran el grupo de mis personas favoritas! Gracias, también, a tantos otros que han hecho que mi colaboración con MOODY sea una bendición.

Gracias a la editorial MOODY y a FAMILY LIFE TODAY que colaboraron en la investigación para este proyecto. Gracias por creer en este libro y por confiar en nosotros para llevar a cabo la misión de escribirlo.

A menudo he reflexionado sobre el hecho de que Dios me haya elegido para realizar muchas tareas que he disfrutado tanto. Soy esposa y madre, y conferencista y autora, todas estas cosas son misiones maravillosas que Él me ha encomendado. "¡Gracias a Dios por su don inefable!" (2 Co. 9:15). Gracias a Dios por Jesús. Oro para que esta obra lo glorifique y bendiga a las familias cuyas vidas toque.

Y ahora…

Unas acertadas palabras de John, el padre

Primero me gustaría dar las gracias a Dios por darme la oportunidad de ser padre. A veces ha sido agotador y frustrante, pero la mayor parte del tiempo ha sido un gran gozo. La tarea de ser padre de Matthew, Aaron y Jonathan ha sido la experiencia más gratificante y plena de mi vida hasta ahora. Gracias, Jesús.

En segundo lugar, me gustaría darle las gracias a Kendra. Ella es la madre que abandonó una carrera en educación que le satisfacía y disfrutaba, para ser madre a tiempo completo. Kendra trajo amor, risa y fe a nuestra casa. Nos enseñó a amar a los demás. Gracias, Kendra, por estar en casa cuando yo no estaba y por amarme cuando no era precisamente adorable. Gracias por utilizar tu talento como escritora para comunicar estos principios sobre la paternidad y por permitirme comentarlos contigo.

Gracias a Matthew, Aaron, y Jonathan. Es obvio que son ustedes los que han hecho que este libro sea posible. Sin ustedes, nosotros tendríamos muy poca credibilidad. Los tres son un gozo y una bendición en mi vida.

Y finalmente, quiero darles las gracias a mi madre y a mi padre, que me dieron una imagen clara de las responsabilidades que supone ser padre.

Introducción

—911. Emergencias. ¿Puedo ayudarle?

—Sí —la agotada voz respondió—. Estoy en el supermercado, ¡y mis dos hijos acaban de derribar la torre de papel higiénico!

—Ya veo. ¿Se ha hecho daño alguno de ellos?

—No, no. Ese es parte del problema. Espere, no quise decir eso. No, nadie está herido. Los chicos han salido huyendo en cuanto los rollos empezaron a caer.

—Entonces, ¿sus hijos se han perdido? ¿Ese es el problema?

—No, no se han perdido. Puedo oír a uno de ellos en el pasillo tres, *revisando* los cereales. Y el otro debe de estar en la sección de frutería. Estoy oyendo cómo se cae la fruta.

—Entonces, ¿sus hijos no están heridos ni perdidos?

—No, ¡pero yo sí! Estoy avergonzada del lío que han organizado una vez más en el supermercado y perdida porque no sé qué hacer. ¡Tengo una emergencia!

¿Les ha sucedido alguna vez algo parecido? ¿Han experimentado alguna vez un desastre semejante en un supermercado que los haya llenado de vergüenza y exasperación? ¿Se están preguntando si hay algo que puedan hacer para evitar que vuelva a repetirse un incidente de este tipo? Ánimo. No existe un número de emergencias al que puedan llamar, pero tienen en sus manos un arma poderosa que les ayudará a combatir, e incluso prevenir, la próxima emergencia. Lean y aprendan con *Ser padres*.

Ser padres de forma activa

Todos aquellos que hayan tenido el privilegio y la responsabilidad de ser padres se han enfrentado al reto de estar preparados para una situación, en lugar de reaccionar a ella; de actuar como padres activos y no como padres reactivos. Ser activo significa estar preparado.

Mi madre era una persona que vivía guiándose por el lema de los *Boy Scouts*: "Siempre preparado". Era del tipo de mujer cuyo auto siempre estaba preparado para las emergencias. Tenía una linterna, una manta, un equipo de herramientas, un equipo de primeros auxilios y una pala para la nieve, entre muchas otras cosas. Dado que ella no se alejaba con su auto más de diez kilómetros de casa y nunca lo hacía cuando nevaba o de noche, se puede pensar que iba más preparada de lo necesario. Y sinceramente, a pesar de su obsesión por estar lista para todo tipo de emergencia, era imposible conseguirlo.

No estoy sugiriendo que lleven consigo un camión de suministros para combatir cada emergencia que les pueda surgir como padres. Eso es totalmente imposible. Más bien los reto a usar siete estrategias para educar bien a sus hijos. Estas estrategias pueden hacer que pasen de ser padres confusos a ser padres con el tiempo, la energía y la habilidad necesaria para disfrutar de la tarea que tienen ante sí, la tarea de ser padres.

Volvamos de nuevo hacia esa madre en apuros. ¿Cómo se podría cambiar esa escena del supermercado? Una madre activa, una que haya tomado la iniciativa de usar las siete estrategias para educar bien a sus hijos, anticiparía los retos potenciales en una situación concreta. Con la anticipación viene el establecimiento de límites, las pautas para un comportamiento adecuado. Déjenme darles algunas ideas sobre lo que pueden ser reglas útiles para un supermercado. Recuerden que los niños no conocen instintivamente los límites del comportamiento para una situación concreta. Es importante tomarse el tiempo de comunicárselos de antemano.

Pautas para un supermercado

Tu hijo:

1. Permanecerá en el carrito o caminará al lado del mismo.

2. Caminará, pero no correrá por el supermercado.

3. Seleccionará algo de las estanterías solo si se le pide que lo haga.

4. Se comprará algo *solo* si se ha decidido previamente que lo haga.

5. Comprenderá que toda infracción de estas reglas traerá como consecuencia un castigo adecuado y determinado previamente.

Cuando el niño conoce los límites y los respeta, ustedes tienen una maravillosa oportunidad de alabar su comportamiento. Un viaje al supermercado puede ser algo divertido para los padres y para el hijo *si* se han establecido pautas razonables *antes* de ir de compras; si se ha elegido actuar de forma activa.

"Pero, Kendra, eso lleva tiempo". Desde luego que sí. Ser padres activos lleva su tiempo, pero también lo lleva ser padres reactivos. Y esto último no solo lleva tiempo, a menudo va acompañado de vergüenza, ira, irritación, frustración y fatiga. Ustedes eligen.

Ser padres resalta siete estrategias intencionadas. Cada estrategia se expresa con cinco pasos prácticos, a los que se añaden los comentarios que aportan John, el padre, y las familias que se enfrentan a problemas similares. Por todo el libro, hay recuadros con datos sobre una encuesta independiente de ámbito nacional realizada entre padres cristianos: casados, divorciados y solteros. Estas estadísticas revelan y confirman algunas de las preocupaciones que con más frecuencia se expresan en nuestros seminarios sobre cómo ser padres.

Puesto que entendemos los problemas a los que ustedes y otros padres como ustedes se están enfrentando, nuestro objetivo es enseñarles maneras para hacer que su vida de hogar sea más tranquila y feliz, mientras están educando a sus hijos. ¿Cómo podemos ayudarles? Preparándolos para usar diariamente estrategias positivas.

Empecemos con la primera estrategia: Ser padres.

Ser padres

—Cielo, súbete a tu asiento, yo te pondré el cinturón.

—¡No! ¡No quiero subirme a mi asiento! ¡No quiero ponerme el cinturón! ¡No quiero ir en auto!

Y ¿ahora qué? ¿Qué tiene que hacer una madre cuando no se quiere hacer caso a su petición? ¿Qué viene después que un niño de cuatro años desobedece una orden como si en realidad fuese una opción? ¿Qué se puede hacer cuando la orden de "súbete a tu asiento" se convierte en la tercera guerra mundial, y tu hijo de preescolar protesta en voz alta, da patadas furioso y se balancea como un boxeador? *Y ¿ahora qué?*

Escenas como estas suceden todos los días. A veces la desobediencia o la amenaza de desobediencia es sutil: "No quiero subirme al auto —dice el niño con calma—. Estoy cansado. ¿Tienes que ir hoy al supermercado? ¿No podemos ir mañana?".

Otras veces es radical: "No me gusta nada mi asiento —chilla el niño—. ¡Odio este auto! ¡Te odio a *ti*!".

No queremos que nuestra autoridad como padres sea cuestionada. Cuando el reto de nuestro hijo es suave, resulta molesto. Cuando la respuesta es extrema, puede ser devastador. Pensamos que estamos fracasando. Nuestro hogar se ha puesto patas arriba, y nos sentimos los peores padres del mundo. Estos pensamientos son reales, pero no son acertados. La cuestión no es quién es el peor padre del mundo. (No me gusta nada juzgar *ese* tipo de concursos). La cuestión es: ¿Ahora qué?

"Yo soy la madre. Él es el hijo". Yo decía estas dos frases más de una vez cuando estábamos criando a nuestros hijos. ¿A quién trataba de convencer? Probablemente a ambos, a mí misma y a mi hijo. En realidad, era más un recordatorio; un recordatorio que necesitaba hacer cuando se producía un misterioso intercambio de papeles. Decir: "Yo soy la madre. Él es el hijo" ayudaba a que cada uno volviera a ocupar el puesto que le correspondía.

> **NO ESTÁS SOLO.** MÁS DE UN TERCIO DE LOS PADRES CRISTIANOS TIENEN CONFLICTOS CON SUS HIJOS POR: LA RELACIÓN ENTRE HERMANOS, TAREAS, DESOBEDECER A LOS PADRES Y LA HORA DE IRSE A LA CAMA.

"Yo soy la madre". Suena simple, ¿verdad? Claro que soy la madre. Soy más mayor. Más sabia. Pago las facturas. Tomo las decisiones. Soy la que está al mando. Bueno, puede que no *todo* el tiempo. De hecho, recuerdo que las dos frases anteriores eran pronunciadas porque yo había abdicado momentáneamente del trono y había dejado de estar al mando (o al menos las cosas iban en esa dirección).

De alguna manera, uno de mis pequeños, ya fuera el bebé o el que iba a primer grado en el colegio, estaba tomando el control. Está claro que no estaba cualificado ni había elegido estar al mando, pero evidentemente había olvidado que él era el niño, y yo la madre. Y supongo que yo lo había olvidado también; estaba en la misma posición que esa madre cuyo hijo se niega a subirse al auto. Daba una orden, y esta era protestada. Mi autoridad como madre era cuestionada.

¿Quién está al mando?

—Tenemos un problema en casa —empezó a decir el joven padre que tomó el micrófono.

Habíamos terminado un seminario sobre hijos obstinados, y se había abierto un tiempo para preguntas.

—Tenemos un problema —dijo el padre —. Nuestra hija de cuatro años dirige la casa. ¿Qué podemos hacer?

Así era. Está claro que este hombre estaba desesperado y a punto de venirse abajo. Su autoridad había sido usurpada por una niña realmente obstinada.

La honestidad de este padre se debe apreciar y aplaudir. En el auditorio, las personas movían la cabeza asintiendo y con simpatía. La confusión de los papeles entre padres e hijos no es inusual. Tras haber tratado con miles de padres y haber contestado numerosas preguntas en seminarios, talleres y a través del correo electrónico, puedo asegurar que el problema del intercambio de roles entre padres e hijos es muy común.

Entonces, ¿cuál es la respuesta?

El primer paso es hacer lo que hizo este padre: admitir que existe un problema que necesita solución.

PASO 1: *Admitir que existe un problema.*

> *"y conoceréis la verdad, y la verdad os hará libres".*
> —Juan 8:32

Al tomar este libro en sus manos, parece que están dispuestos a admitir que necesitan ayuda en algunas áreas de su labor como padres, o al menos a considerar esa idea. Admitir que existe el problema puede parecer muy simple. Simple, sí. Pero no necesariamente fácil. Para muchos, este primer paso es extremadamente difícil. Parece más fácil ignorar las situaciones difíciles, esperando que "las cosas cambien con el tiempo". Sí, las cosas cambiarán con el tiempo, pero si su papel como padres ya se ha visto comprometido, el cambio no será muy placentero.

Dios quiere que conozcan y admitan la verdad. Si quieren ser "libres", deben enfrentarse a los hechos. El padre al que escuchamos en el seminario reconocía abiertamente que, de alguna manera, en algún momento, por la razón que fuese, él había dejado de actuar como padre, como la persona que estaba al mando. Quizá les ocurra lo mismo en su casa. Quizá estén cansados o estresados en otra área de sus vidas. La falta de sueño es un factor de estrés muy común en los padres. Puede que estén un poco a la defensiva o que estén sobreprotegiendo a sus hijos. Puede que, por la razón que sea, se sientan inadecuados. "La verdad os hará libres". ¿Cuál es su verdadera situación?

El niño que no quería subirse al auto al principio de este capítulo se sentía lo suficientemente seguro de sí mismo como para oponerse a la orden de su madre. Evidentemente, había una confusión en su familia sobre quién estaba al mando. ¿Cuál es el Paso 1 para los padres? Admitir que existe un problema. No es el momento de excusarse. Es momento de pedir ayuda.

¡Ayuda!

Hasta que no se den cuenta de que la relación padres-hijo puede mejorar, es muy improbable que mejore. No se puede solucionar un problema hasta que este no ha sido identificado. Esto es precisamente lo que estoy haciendo cuando digo: "Yo soy la madre. Tú eres el hijo". El Paso 1 debe darse si se desea avanzar. Admitan que existe el problema y después den el Paso 2.

PASO 2: *Aumentar la confianza en sí mismos.*

> *"Y el efecto de la justicia será paz; y la labor de la justicia, reposo y seguridad para siempre".*
> —Isaías 32:17

Si el Paso 2 consiste en aumentar la confianza en uno mismo, lo adecuado sería determinar cómo se erosionó en primer lugar. Muchas veces, perder una simple discusión puede hacer que se dispare la falta de confianza en sí mismos de los padres. Cuando elijan librar una batalla, deben ganarla.

Papá está en la pizzería con un grupo de amigos. Su hija ha terminado de comer, pero el resto todavía no. La pequeña Ana empieza a moverse inquieta en la silla, y papá le dice que se esté quieta. Casi antes de que las palabras salgan de su boca, ella salta de la silla y da la vuelta a la mesa para hablar con otro de los adultos. "¿Es eso algo muy malo?", se pregunta el padre a sí mismo. "No está corriendo por ahí ni molestando a las personas". Así que lo deja pasar y no refuerza la orden que acaba de dar.

¿Tan importante es que esta niña deje su asiento y se vaya al otro lado de la mesa? No. ¿Es tan importante que, deliberadamente, desobedezca la instrucción dada por su padre? Sí. Papá acaba de perder la batalla que decidió emprender. Su confianza se puede empezar a desintegrar, y también el respeto de su hija por él. Es importante pensar en las órdenes que se dan antes de darlas. Elijan sus batallas de forma inteligente.

Cuando decidan iniciar una batalla, cuando tracen una línea en la tierra, es esencial que salgan victoriosos. El padre de la pizzería le pidió a su hija que se quedara quieta. La madre le dijo a su hijo que entrase en el auto. No hay puntos de discusión o temas de debate. No hay oportunidad para los niños de considerar si *quisieran* o no obedecer.

Cuando se da una orden, nunca debe surgir un debate. Y como no se trata de una pregunta, es importante dar las órdenes de forma inteligente. La niña debe permanecer sentada. El niño debe subirse al auto. Si han permitido que su hijo "gane la batalla" una o dos veces, ya habrá aprendido que las órdenes que ustedes dan son debatibles. Su autoridad y confianza están en juego.

> **ES UN TRABAJO DURO. EL 70% DE LOS PADRES CRISTIANOS ADMITE QUE A MENUDO NO CONFÍAN EN SUS PROPIAS DECISIONES COMO PADRES.**

Si perder pequeñas escaramuzas diariamente puede hacer que los padres pierdan la confianza en sí mismos, ¿qué la hará aumentar? Es obvio: ganar las pequeñas escaramuzas diarias. También se puede aumentar la confianza con algo tan simple como hacer un chequeo de la realidad.

Muchos padres han abandonado sus derechos y responsabilidades porque se han salido del camino de lo que es la verdadera realidad. La pequeña de cuatro años que se ha hecho con el dominio de la casa se las ha arreglado para, consciente o inconscientemente, convencer a los adultos de que no son capaces de ser padres. Ella los ha persuadido de que está mejor preparada que ellos para ponerse al mando, y es obvio que estaba más que deseosa de hacerlo. El pequeño que no está interesado en seguir las instrucciones de su madre para subirse al auto y que le pongan el cinturón también está cuestionando la autoridad materna.

Estos niños han tomado el mando o están amenazando con hacerlo. Así que, ¿qué realidad tienen que examinar los padres para aumentar la confianza en sí mismos? La realidad de que un hijo no está preparado cognitiva, experimental o emocionalmente para tomar el control. Los niños no tienen las habilidades necesarias para *ser padres*.

Quizá el mejor ejemplo de esto es uno que raya en el ridículo. Imagínense ir en el auto conduciendo por turnos con su hijo pequeño. Ustedes conducen un rato, y después saltan del asiento del conductor y le pasan el volante a su hijo. ¿Buena idea? *¡Por supuesto que no!* Solo tiene tres años. No tiene las habilidades necesarias para conducir un auto. Ni siquiera llega a los pedales. Ningún padre le daría el control del auto a un niño. Entonces, ¿por qué se le deja ser el padre, un papel que no es capaz de manejar? Esta decisión podría ser igualmente destructiva.

¡Vuelvan a la realidad! NUNCA es mejor que su hijo tome el control en el hogar. Sin sombra de duda, ustedes están mejor preparados que él para estar al mando. El nivel de confianza en ustedes mismos debería aumentar simplemente haciendo un chequeo de la realidad.

De vuelta a la realidad

Por favor, repitan conmigo...
Somos los padres... ESA es la realidad.
Él/ella es el hijo/a... ESA es la realidad.

> Somos mucho mayores y más sabios... ESA es la
> realidad.
> Dios nos ha dado la responsabilidad de ser
> padres... ESA es la realidad.
> Él nos preparará para hacer el trabajo... ESA es la
> realidad.
> Podemos tener confianza divina en nuestro papel...
> ESA es la realidad.
> ¡Somos los padres!

Si su objetivo es *ser padres*, deben: Paso 1: Admitir que existe un problema; Paso 2: Aumentar la confianza en sí mismos (con una fuerte dosis de realismo); y...

PASO 3: *Tener clara la visión.*

"Donde no hay visión, el pueblo se extravía...".
—Proverbios 29:18, NVI

Dios dio a Adán y a Eva, los primeros padres terrenales, una doble misión cuando comenzaron a vivir en el huerto. Les dijo: "...Fructificad y multiplicaos; llenad la tierra, y sojuzgadla..." (Gn. 1:28). Cumplir con la primera parte de este mandato no fue difícil, y tampoco es difícil hoy día. Ser padres, concebir un hijo, fructificar y multiplicarse suele ser la parte fácil. Lo difícil es sojuzgar ese fruto. Por lo tanto, es necesario tener una visión. Una visión ayuda a mantenerse centrado. Evita la miopía.

¿Una visión?

¿Qué visión tienen para su hijo? NO estoy hablando de decidir si su pequeño de cinco años va a ser algún día pianista de la Orquesta Filarmónica de Londres. No estoy sugiriendo que declaren que esa es su intención y que traten de llevarla a término, aun si su pequeño odia el piano y no tiene habilidad musical alguna. No es eso lo que trato de decir cuando los reto a tener una visión. En este caso, la visión es algo más general y con un espectro más amplio. No es marcar el objetivo en la vida profesional o social de su hijo. No es desear que su hijo llegue a ser lo que son ustedes o conseguir lo que ustedes han conseguido. No es esperar que consiga lo que ustedes no pudieron lograr.

Déjenme que les cuente la visión que mi esposo y yo tuvimos para cada uno de nuestros hijos. Queríamos ayudar a nuestros hijos para que "cantaran la canción que Dios había puesto dentro de ellos". Este es el tipo de objetivo o visión que todos los padres pueden adoptar. Esa fue la visión que tuvimos para nuestros hijos.

Tener clara la visión para su hijo es algo similar al concepto que Henry Blackaby y Claude King presentaron en *Experiencia con Dios*. Al lector se lo anima a buscar dónde Dios *ya* está obrando y a trabajar con Él.

> Dios es el dirigente soberano del universo. Él es el que está obrando y solo Él tiene el derecho de tomar la iniciativa de empezar a obrar. No nos pide que soñemos sus sueños y que después le pidamos que bendiga nuestros planes. Ya está obrando cuando llega a nosotros. Su deseo es llevarnos desde donde estamos hasta donde Él está obrando. Cuando Dios nos revela dónde está obrando, eso es una invitación a unirnos a Él.[1]

¿Dónde está Dios obrando en la vida de su hijo? ¿Qué habilidades e intereses le ha concedido a su hijo o hija? Identifíquenlos y den un paso para potenciarlos y ayudar a su hijo a "cantar su canción".

Su canción

La visión que teníamos para cada uno de nuestros hijos era ayudarles a "cantar la canción que Dios había puesto dentro de ellos". Esa fue nuestra manera de expresarlo. No queríamos ayudarles a cantar "nuestra canción" o la canción que *nosotros* habíamos decidido que debían cantar. "Instruye al niño *en su camino*..." (Pr. 22:6, cursivas añadidas). Cada uno de nuestros tres hijos era y es diferente. ¿Cómo tres chicos con los mismos padres, los mismos abuelos, que viven en la misma comunidad y asisten a la misma iglesia pueden ser tan diferentes? Porque eso es lo que Dios quería. Si nuestro Creador puede hacer que cada copo de nieve sea distinto, estoy segura de que crear seres humanos diferentes y únicos está dentro de sus habilidades.

Únicos

"Tú creaste mis entrañas; me formaste en el vientre de mi madre. ¡Te alabo porque soy una creación admirable!..." (Sal. 139:13-14, NVI).

Este versículo es la explicación bella y poética de la individualidad de cada persona. Mis hijos utilizaban un enfoque humorístico: "Mamá siempre les recuerda a los demás que son especiales; ¡como todo el mundo!". Sí, somos todos diferentes, todos únicos, y cada uno de sus hijos y de los míos es un individuo. Por lo tanto, ¿cómo hicimos para cumplir esta visión? Tuvimos que observar atentamente a nuestros hijos y llegar a conocerlos como individuos. Tuvimos que escuchar para saber cuáles eran sus sueños, sus temores y sus ideas; y empezamos a hacerlo cuando eran muy pequeños.

Escuchar lleva su tiempo; tiempo a solas con cada hijo y tiempo juntos como familia. Nosotros empleamos tiempo en trabajar y jugar juntos. Pero no se trata solo de tiempo, también se trata de escuchar. Deben escuchar cuando su hijo se está expresando. Muchas veces el diálogo padres-hijos en realidad es un monólogo de los padres. Y normalmente ese monólogo suena como una lista de lo que debe y no debe hacerse, como un manual de instrucciones. "No hagas esto. Haz aquello". Ya vivimos en un mundo ruidoso. Tienen que realizar el esfuerzo consciente de escuchar a su hijo.

El reto de los cinco días

¿Cómo podemos comunicarnos de forma intencionada con nuestros hijos? Acepten el reto de los cinco días. Anuncien que en los próximos cinco días el auto no solo va a ser un medio de transporte, sino que se va a convertir en un lugar de conversación. Todas las distracciones: celulares, DVD, CD y radio estarán prohibidos, ¡desterrados durante cinco días! El único sonido que se permitirá en el auto es el de la conversación entre conductor y pasajeros. Esto será una tarea difícil para muchas familias que han encontrado estas distracciones muy convenientes. Puede que sean convenientes, pero definitivamente inhiben la comunicación. El reto consiste en desconectar las distracciones durante cinco días y conectarse a la familia. Tal vez tengan que hacer preguntas abiertas para iniciar la conversación. Por ejemplo:

1. De las instalaciones del parque, ¿cuál es tu preferida? ¿Por qué te gusta? ¿Crees que a mí me gustaría?

2. ¿Qué color te gusta realmente? ¿Sabes cuál es mi color favorito? ¿Por qué crees que me gusta?

3. ¿Tienes alguna canción favorita?

4. ¿Te acuerdas de la historia de la Biblia que viste la semana pasada en la escuela dominical? ¿Has aprendido un versículo bíblico esta semana?

Las preguntas no tienen por qué resaltar puntos importantísimos. Se trata de conversar. Escuchar y desear comunicarse. Es obvio que las preguntas cambian a medida que su hijo va creciendo y cambiando. Había momentos en los que la conversación se convertía en un juego de adivinanzas.

—¿Quién estuvo hoy en la escuela dominical? —preguntaba yo.

—Intenta adivinar —era la respuesta.

Después yo daba varios nombres (algunos lógicos, otros de broma), y nuestra conversación era divertida y vivaz.

Pongan en marcha el reto de los cinco días cada vez que sientan que la comunicación se está complicando. Presten atención y realmente verán cómo piensa y sueña su hijo. Cuanto mejor sepan escuchar, más oportunidades tendrán de ayudar a sus hijos a averiguar cuál es la canción que Dios ha puesto dentro de ellos; y tendrán más probabilidades de ver cómo esa visión se realiza.

Ser capaz de captar la visión para cada uno de sus hijos es una parte importante de ser padres activos. Así como es importante que la madre del niño que se negaba a subirse al auto admita que necesita ayuda y aumente la confianza en sí misma mediante el chequeo de la realidad, también lo es tener clara la visión para su hijo. Mientras esta mujer intenta ayudarlo a cantar la canción que él lleva dentro, ella aumentará su determinación de ganar con calma y confianza en sí misma las batallas que ha elegido iniciar. Esta madre puede estar segura del valor de restaurar y mantener la paz. Siendo la madre, se asegurará de que el tiempo que ella y su hijo pasen juntos no será tiempo perdido en un caos inútil y carente de respeto, sino algo positivo y productivo.

Y hay más. Acabamos de empezar a determinar las estrategias que hay que usar para ser padres activos. Paso 1: Admitir que existe un problema; Paso 2: Aumentar la confianza en sí mismos; Paso 3: Tener clara la visión. Y ahora tienen que tener un plan.

PASO 4: *Elaborar un plan.*

> *"El corazón del hombre piensa su camino; mas Jehová endereza sus pasos".*
> —Proverbios 16:9

Con ingenuidad, algunos nuevos padres asumen tener de forma automática las habilidades y el conocimiento necesarios para ser padres, simplemente porque tienen un niño en su casa. Después de todo, los nuevos padres tuvieron padres también. Seguro que aprendieron algo de ellos. Y si sus padres cometieron errores, y sin duda que lo hicieron, estos se pueden identificar y evitar. Es fácil, ¿verdad?

Bueno, ¿qué pasa cuando no se han tenido dos padres en casa? ¿Qué pasa si uno de los padres estaba presente, pero emocionalmente, ausente o era incapaz de ser un buen padre por la razón que fuese? Un hombre me contó que cuando tenía una emergencia como padre, daba un paso atrás y se preguntaba: "¿Qué haría mi padre en una situación así?". Desdichadamente, la respuesta era: "Emborracharse". Y eso no era una opción.

Este es un ejemplo extremo, pero puede que uno o los dos padres fueran inaccesibles por sus horarios laborales o sus intereses, o incluso por su obsesión por la televisión, el periódico, los amigos o simplemente el deseo de dormir una siesta. Recuerden que lo que hicieron sus padres no es suficiente.

En un mundo perfecto, sus padres les darían buenas herramientas para ser padres, que ustedes puedan utilizar con su hijo. Puede que los padres de tu cónyuge hicieran lo mismo. Puede que ambos estén bien formados para esta labor. (Después de todo, ¡mira lo bien que salieron ambos!). Sin embargo, aunque los dos tuvieran padres positivos, confiados y activos, ambos aportan modos y rutinas diferentes a la nueva familia, porque me imagino que ambas familias harían algunas cosas de manera distinta.

¿Son conscientes de la definición de *normalidad*? Es cualquier cosa que TU familia hizo (por extraña que pueda parecerle a los demás). Tu cónyuge y tú aportan dos "normalidades" diferentes que contribuyen a la creación de una nueva "normalidad" para su unidad familiar. (Que, por cierto, algún día el cónyuge de su hijo cuestionará: "¿Tú crees que *eso* es normal?").

Es más, sus padres no están educando al hijo de ustedes… este individuo único que Dios les ha dado. Con todo esto quiero decir que, aunque la educación dada por tus padres y los padres de tu cónyuge puede haber sido superlativa, necesitarán ser activos y tener un plan que ayude a los niños a convertirse en adultos responsables con prioridades adecuadas. Así ayudarán a su hijo a "cantar su canción":

1. Den a su hijo la oportunidad de conocer a Jesús.

"...Dejad a los niños venir a mí, y no se lo impidáis; porque de los tales es el reino de Dios".
—Marcos 10:14

¿Qué hacen los padres activos para que su hijo conozca y ame al Señor? Hay oportunidades para hacer que su hijo se convierta en parte de la familia de Dios. Pueden asegurarse de que su hijo desarrolle una relación con Dios en casa, y cuanto antes, mejor. Los padres no pueden hacer que su hijo acepte a Cristo como su Salvador. Sin embargo, hay ciertas cosas que pueden hacer para animarles a que tomen esa decisión personal.

Primero, su compromiso con Cristo es muy importante (ver "El plan de salvación" en el Apéndice). Su hijo observa y escucha también. Incluso cuando es pequeño, está decidiendo si ustedes son de fiar. Esto no debería asustarlos ni debería ser un llamamiento a la perfección. Es un reflejo de la actitud de su corazón. Si es realmente importante para ustedes que su hijo conozca a Cristo, esto se reflejará en su comportamiento.

Asegúrense de encontrar una iglesia donde se predique el evangelio, se ame a los niños y se anime a madurar como cristianos. Después, inscríbanse con alegría en actividades que les den la oportunidad de servir como individuos y como familia.

2. Enseñen a su hijo a obedecer.

"Hijos, obedeced en el Señor a vuestros padres, porque esto es justo".
—Efesios 6:1

Enseñar a su hijo a obedecerlos y ayudarle a darse cuenta de que la desobediencia trae consecuencias son dos cosas esenciales. Esto fomentará la habilidad y la disposición de su hijo a obedecer a Dios. Esta es la esencia de *ser padres*.

Los padres entienden que los límites son importantes. Dios nos marca límites, no para encerrarnos en ellos, sino para protegernos de los peligros que hay fuera de esos parámetros. Su responsabilidad como padres es determinar —y reforzar— estos límites.

Rutina

Los niños progresan con la rutina. En cierto sentido, la rutina proporciona límites. Su hijo necesita un horario controlado. ¿A qué hora comienza su día? ¿Cuándo se van a la cama? La hora de las comidas es también una actividad que debe ser predecible. Poner a su hijo un horario, crear estos límites, tiene muchos beneficios. La rutina le ofrece la seguridad de que sus padres cuidan de él. "Sé que comeremos al mediodía… Sé que mamá y papá me llevarán siempre a la cama a las ocho de la noche… Hacemos esto todos los días". Hay una sensación de seguridad en estos límites.

Y también hay libertad. Un niño que se da cuenta de dónde están los límites, y les presta atención, puede correr libre dentro de ellos. Un niño al que no se le refuerzan los límites no tiene la libertad ni la seguridad que necesita. Los límites no se refieren solo a las rutinas. Como padres, es necesario que comuniquen a su hijo lo que se considera un comportamiento aceptable en diversos momentos: la iglesia, el supermercado, el auto… por nombrar alguno. Hay límites respecto a determinados grupos de personas. ¿Cuál es la forma correcta de responder a un profesor, a una niñera, a un abuelo? Cuando su hijo conoce los límites, y ustedes han reforzado el comportamiento adecuado para que se mantenga en estos, él se siente confiado en esas situaciones. Sabe qué se espera de él y qué esperar de ustedes.

Muchas veces los niños actúan de ciertas maneras para llamar la atención. Incluso aunque la atención sea negativa, ellos creen que es mejor eso que ser ignorados. Asegúrense de prestar a sus hijos la atención y el apoyo necesario. La madre cuyo hijo no quiere subirse al auto debería asegurarse de que él:

1. cumple la orden que ella le ha dado, y después...

2. debería recompensarlo con la atención más positiva que pueda darle, mientras va conduciendo de camino al supermercado.

Ser padres de forma activa es importante, ya que su hijo se conecta con ustedes a través de los límites. Voy a darles otro ejemplo. Como empezamos en el supermercado, continuaremos allí. Cuando estén de compras con su hijo, no lo ignoren. Inclúyanlo en el proceso. No se trata solo de eficacia. Se trata de tener una relación positiva con su hijo. El supermercado puede ser una aventura para aprender y disfrutar unos de otros. Por ejemplo, pueden pedirle a su hijo que les ayude a encontrar un producto en particular. Digo "encontrar un producto", no retirarlo de una estantería. Su hijo no debería sacar nada de una estantería o de un expositor a menos que ustedes le hayan pedido que lo haga. Cuando sigue sus instrucciones, resulta una ayuda, no un impedimento.

De manera acorde a su edad, pueden hablarle de los diferentes productos alimenticios, de la nutrición, de la agricultura y de más cosas. Las posibilidades para aprender son ilimitadas. Su hijo está recibiendo atención dentro de los límites descritos, y ustedes están disfrutando de su hijo y terminando de hacer la compra con una sonrisa en la cara.

Ser padres significa enseñar a su hijo a obedecer. Esto no es ser cruel. Es ser bíblico, saber que de la obediencia viene la libertad. Déjenme que se lo diga una vez más. Ser padres significa enseñar a su hijo a obedecer.

Si se comprometen con estos dos objetivos, dar la oportunidad a su hijo de conocer a Jesús y enseñarle a obedecer, estarán en el camino de conseguir tener éxito como padres. Esto es una parte del plan.

Bueno, ya hemos visto los cuatro pasos prácticos para seguir. Ya saben lo importante que es: Paso 1: Admitir que existe un problema; Paso 2: Aumentar la confianza en sí mismo; Paso 3: Tener clara la visión; Paso 4: Elaborar un plan. Solo queda un paso más.

PASO 5: *Saber que cometerán errores y seguir aprendiendo.*

"Oirá el sabio, y aumentará el saber, y el entendido adquirirá consejo".
—Proverbios 1:5

No existen los padres perfectos. De hecho, si le preguntan a algún padre experimentado si siempre tomó las decisiones correctas, los honestos admitirán que muchas de sus buenas elecciones fueron el resultado de la experiencia conseguida con las malas elecciones. Cometemos errores siendo padres. Ustedes han cometido errores como padres. Está bien. No dejen que los errores los paralicen.

Ser padres les dará la oportunidad de cometer errores y pedir perdón. La idea es NO repetir el mismo error una y otra vez. Para los padres, *aprender* significa un cambio de comportamiento. El objetivo es seguir aprendiendo y convertirse en mejores padres. Y para conseguir eso, deben *ser padres*.

PASOS PRÁCTICOS:

PASO 1: Admitir que existe un problema.

PASO 2: Aumentar la confianza en sí mismos.

PASO 3: Tener clara la visión.

PASO 4: Elaborar un plan.

PASO 5: Saber que se cometerán errores y seguir aprendiendo.

Unas acertadas palabras de John, el padre

Kendra tiene toda la razón cuando dice que el primer paso para ser padres activos es admitir que existe un problema. Si esto a veces es difícil para una madre, es increíblemente más difícil para un padre. A nosotros los padres nos gusta creer que estamos al mando y que nuestros hijos no pueden usurpar nuestra posición. Es más, no queremos ni pensar que otros puedan darse cuenta de que estamos perdiendo el control.

He visto situaciones en las que es obvio que el niño y los padres tienen los papeles cambiados. Los padres parecen no darse cuenta y dan excusas si alguien atrae la atención hacia ese problema aparente. Es triste tanto para los padres como para el hijo.

Hay un test rápido que pueden hacer para ver si existe la posibilidad de que tengan problemas en ser padres. Elijan la respuesta que más se ajuste a su experiencia.

Cuando le doy una indicación a mi hijo, él:

a) *ignora lo que le he dicho.*
b) *discute conmigo.*
c) *se mueve con desgana.*
d) *hace lo que le pido.*

Si han respondido a, b o c, tomen nota. Existe la posibilidad de que haya un intercambio de papeles entre su hijo y ustedes. No teman admitir que existe tal problema. Eso es lo que hace un padre cariñoso.

Una nota más de Kendra:
Sean padres, no amigos

Hay un papel más problemático, que a menudo asumen los padres, que quiero tratar antes de pasar a la siguiente estrategia. Muchos padres intentan ser amigos de su hijo en lugar de ser sus padres. Ser amigo de su hijo adulto es apropiado y necesario si quieren tener una relación con él, porque pocos adultos necesitan a "mamá" o a "papá". Sin embargo, si están en medio de la tarea de ser padres, y su hijo todavía no es adulto, no, repito, no intenten ser amigos de su hijo. Él probablemente tiene muchos amigos entre los de su edad. Que, por cierto, NO es la de ustedes. Mírense en el espejo. ¡Son viejos! No importa si tienen solo veinticinco años, en comparación con su hijo son viejos. Aunque su hijo puede tener muchísimos amigos, es muy improbable que alguno de ellos esté solicitando el puesto de ser su padre o madre. Este es el papel de ustedes. Ser padres.

> EL **62%** DE LOS PADRES CRISTIANOS DICEN QUE SUS HIJOS LOS CONSIDERAN COLEGAS. SI ES ASÍ COMO LOS VEN PRINCIPALMENTE, TIENEN UN PROBLEMA.

Ser modelos de comportamiento

"Kendra, nuestra tienda está patrocinando un espectáculo de moda, y queremos que seas una de las modelos".

Antes que se emocionen y vayan a echar un vistazo a la foto a la contraportada de este libro con incredulidad, déjenme contarles lo sorprendente que fue esta invitación. Mido uno sesenta y uno (he empezado a notar ese centímetro de más desde que presencié cómo mi madre iba encogiendo). Nunca me han descrito como *esbelta*. Soy más del tipo "no está mal para una mujer de más de cincuenta que ha tenido tres hijos". La última vez que puedo recordar que mi talla solo tenía un dígito fue cuando vestía la talla 6X de niñas. ¿Entienden ahora por qué me sorprendió tanto la petición?

—¿Quieres que *yo* sea modelo? No sé si es buena idea. Nunca he hecho nada parecido.

—De verdad, Kendra, es fácil. Todo lo que tienes que hacer es parecer elegante y no tienes que decir ni una palabra.

Tenía que haber dicho "no" en aquel mismo momento. Parecer elegante y mantenerme callada no son mis *puntos fuertes*. Pero no seguí mis instintos, y dije que sí a ser modelo. Fue una experiencia única en la vida: *Kendra Smiley, modelo de pasarela*.

Otro modelo

Hace varios años, una entrevista de televisión lo dejó muy claro. "*No* soy un modelo de comportamiento", proclamó Charles Barkley, la estrella del baloncesto profesional. Vaya… otro modelo reticente.

Evidentemente, él estaba incluso menos entusiasmado que yo con lo de ser modelo. ¿Su negativa pública fue adecuada? ¿Lo apartó del *ranking* o de las responsabilidades de ser un modelo de comportamiento? La respuesta es fácil. No. Mientras que yo podía elegir no aceptar la oportunidad de ser modelo en una tienda de ropa, incluso aunque dijera no, no podría dejar de ser un modelo de comportamiento. Y Charles Barkley tampoco podía optar por no ser un modelo de comportamiento. Papá, mamá, ustedes tampoco pueden hacerlo.

Como esto es así, el título para este capítulo no es preciso al cien por cien. No se puede elegir ser o no un modelo de comportamiento para nuestros hijos. *Somos* un modelo de comportamiento. Más bien, la opción es entre ser un modelo de comportamiento positivo o negativo. Este es el primer paso...

PASO 1: *Saber que, para lo bueno o para lo malo, somos un modelo de comportamiento.*

"Por tanto, os ruego que me imitéis".
—1 Corintios 4:16

La imitación es la forma más elevada de adulación, al menos eso dice el dicho. Con su hijo, la imitación tiene más que ver con el modelaje que con la adulación. Hace años, mi cuñado se rompió el talón de Aquiles. Tras la operación, el proceso de rehabilitación se alargó, duró casi un año. Caminar sin cojear era casi imposible. No mucho tiempo después, su hijo empezó a cojear también. Consciente o inconscientemente, estaba imitando a su padre. No fue necesario animarlo, porque la imitación es algo natural.

Así que no importa si están deseando o no unirse a Pablo en su declaración de 1 Corintios 4 y alentar a los demás a imitarlos, su hijo los *imitará*. Somos un modelo de comportamiento, aunque sea por defecto. Por eso, pasar al Paso 2 es tan importante. Deben...

PASO 2: *Aceptar el reto de ser el mejor modelo.*

> *"Con tus buenas obras, dales tú mismo ejemplo en todo....".*
> —Tito 2:7, NVI

La Palabra de Dios es muy clara. Se nos pide una y otra vez que seamos un modelo de comportamiento positivo. *"...no imites lo malo, sino lo bueno..."* (3 Jn. 11).

Una vez más, recuerden que esto no es una orden para ser perfecto. Ser "santo como Dios es santo" es lo que tratamos de ser. Probablemente, los únicos padres que todavía no han cometido un error son aquellos cuyo hijo todavía está en el vientre materno. La perfección no es posible, pero esto no impide que deseemos e intentemos ser un modelo de comportamiento positivo.

> **¡BUENAS NOTICIAS!** EL **98%** DE LOS PADRES CRISTIANOS ESTÁ DE ACUERDO EN QUE *ELLOS* SON LOS RESPONSABLES DEL DESARROLLO DEL CARÁCTER EN SUS HIJOS.

Papá, mamá, ahora es el momento de seguir adelante. Paso 1: Saber que, para lo bueno o para lo malo, *somos* un modelo de comportamiento; y Paso 2: Aceptar el reto de ser el mejor modelo. Ahora...

PASO 3: *Descubrir que somos modelos en lo que decimos y en lo que hacemos.*

> *"Hermanos míos, ¿de qué aprovechará si alguno dice que tiene fe, y no tiene obras?...".*
> —Santiago 2:14

Demasiado ocupado

Todavía recuerdo el día en que nuestro hijo pequeño declaró que estaba "demasiado ocupado" para guardar sus juguetes. *¿Demasiado* *ocupado?* —pensé. ¿Dónde aprendió esa frase? ¿La decían en *Plaza Sésamo*? No, la había escuchado directamente de los labios de su madre. Ese fue el día en el que decidí asegurarme de no estar nunca "demasiado ocupada" para las cosas que eran realmente importantes, como mi hijo (y *desde luego*, él guardó sus juguetes).

¿Qué cosas están diciendo que su hijo pueda imitar? Cuando era maestra de escuela elemental, la primera entrevista padres-profesora me resultaba muy esclarecedora. Antes de la entrevista, pensaba: *¿Por qué le resulta tan difícil a Pedro utilizar el tiempo correcto de los verbos?*... *¿Por qué el vocabulario de María es tan inadecuadamente "colorido"?* Después de conocer a sus padres, obtenía la respuesta. Su hijo escucha e imita sus palabras.

Y obras

Demasiadas veces los padres determinan que todo lo que tienen que hacer es ordenar o "decir". La frase clásica (y desafortunada) para esto es la de: "Haz lo que yo digo y no lo que yo hago". Cuando la estrella del baloncesto Charles Barkley realizó su declaración: "Yo *no* soy un modelo de comportamiento", simplemente atrajo la atención hacia el papel que él estaba jugando. Cuando algunos padres declaran que hay que prestar atención a sus palabras, pero no a sus acciones, simplemente atraen la atención hacia sus acciones. Padres, su hijo los escucha y observa.

En el escenario

Hace unos años, me publicaron un libro sobre obras navideñas. Yo había escrito y dirigido estas obras para nuestra iglesia local. A los actores se les daba el guión, y yo estaba allí para dirigirlos en el escenario. Antes de la publicación de estas obras, yo había escrito los diálogos en el guión, pero, al principio, no había incluido las emociones, la inflexión de la voz o las sugerencias. Les *mostraba* a los actores lo que quería que hicieran, y ellos imitaban mis emociones, mi tono y mi dirección.

Las investigaciones demuestran que las palabras sin más son solo una pequeña parte de la comunicación. En 1967, el profesor Albert Mehrabian determinó lo siguiente: "El 55% de los mensajes que recibe una persona son no verbales; el 38% se basa en el tono, y solo el 7% en las palabras".[1] Esta es una información importante para ustedes que han elegido ser modelos de comportamiento. Es su forma de hablar y de caminar. Es mostrar y decir. Y las investigaciones reflejan que las acciones superan a las palabras. Cuando las obras navideñas se representaban en nuestra iglesia, no había necesidad de hacer sugerencias por escrito... los actores me tenían a mí. ¡Y su hijo los tiene a ustedes! Los mira, los escucha y los imita.

Muy bien, están convencidos. Desean, Paso 1: Saber que, para lo bueno o para lo malo, *somos* un modelo de comportamiento; Paso 2: Aceptar el reto de ser el mejor modelo; y Paso 3: Descubrir que somos modelos en lo que decimos *y* en lo que hacemos. Ahora examinemos algunas áreas específicas en las que se puede ser un modelo de comportamiento positivo...

PASO 4: *Dejar que este conocimiento influya en nuestro comportamiento.*

> *"...dejad de hacer lo malo; aprended a hacer el bien...".*
>
> —Isaías 1:16-17

Observemos un ejemplo. ¿Qué mensaje estamos enviando sobre nuestro culto a Dios en la congregación? Pongamos que ustedes le dicen a su hijo que es importante ir a la iglesia a rendir culto a Dios. Creen en el versículo: "No dejando de congregarnos, como algunos tienen por costumbre, sino exhortándonos; y tanto más, cuanto veis que aquel día se acerca" (He. 10:25). Pero después llega el domingo por la mañana, están cansados y ocupados. Después de todo, el domingo es el único día en el que pueden dormir hasta tarde. O los han invitado a asistir a una función por la tarde, y tendrían que ir temprano por la mañana a la iglesia si quieren llegar a tiempo. Nunca van a la iglesia temprano, así que deciden saltarse el culto ese domingo.

EL 48% DE LOS PADRES CRISTIANOS ADMITE QUE NO SUELEN ASISTIR AL CULTO DE LA IGLESIA TODAS LAS SEMANAS.

¿Han estado alguna vez demasiado cansados para asistir a la iglesia, pero no para ir por la tarde al centro comercial? ¿O demasiado cansados para ir al culto, pero no para ver el partido de fútbol en la tele? Si contestan que sí, ¿es posible que sean ejemplo de culto *conveniente* en lugar de culto *comprometido*? No importa cuántas veces le digan a su hijo que el culto es importante o cuántas veces impidan que su hijo se salte el culto dominical, sus acciones han cancelado sus palabras.

Mi esposo John siempre me recuerda: "No importa lo que digan las personas; sus acciones y decisiones los delatan". Me imagino que el que acude al culto cuando le conviene solo está fingiendo que el culto es importante. Este es reemplazado por muchas otras cosas.

¿Lo que dicen está en consonancia con lo que hacen? ¿Qué comportamiento(s) les gustaría cambiar sabiendo que sus acciones están comunicando algo por sí mismas?

Mentiroso, mentiroso...

No mientas. Este mensaje es muy bueno y es una instrucción simple que la mayoría de los padres dan a su hijo. Mentir está mal (ver Lv. 19:11). Pero, ¿qué pasa si tras escuchar esta orden de sus padres una y otra vez, la pequeña Ana escucha a su madre decirle al vecino que su padre tuvo que trabajar hasta tarde y no pudo asistir a la fiesta de los vecinos? Mmm, Ana sabe que papá no estaba trabajando; estaba jugando al golf. No importa lo que haya dicho mamá; su decisión de mentir la desacredita. El mensaje general para Ana es: "No mientas la mayor parte del tiempo, solo cuando sea necesario hacerlo".

¡Qué desconexión! Cuando los padres dicen una cosa y hacen otra, sus palabras no son creíbles. Pero ¿qué problema hay en que el padre de nuestro ejemplo desee jugar al golf y no quiera ir a la fiesta de los vecinos? Ninguno. Pero eso no es excusa para mentir. "Mi esposo no podrá ir a la fiesta". Punto. No hay que dar más explicaciones (y menos aún mentir). La verdad es la mejor opción. Animará a su hijo a ser sincero con ustedes.

Pero...

Volvamos otra vez a la persona que va al culto cuando le conviene. Si ese es el patrón que están estableciendo en su casa, para su hijo será muy sencillo idear muchas y creativas razones para no asistir al culto dominical. "Pero, Kendra —me explicarás—, a veces estoy *muy* cansado el domingo por la mañana. El domingo *es* el único día en que puedo quedarme en cama hasta tarde".

¿Y cuál es mi respuesta a esa honesta argumentación para ser dispensado de acudir al culto? "No importa". Ser padres, ser un modelo de comportamiento positivo, significa no ser egoísta. Ese es el paso siguiente.

PASO 5: *Recordar que no se trata solo de uno mismo.*

> *"Sino vestíos del Señor Jesucristo, y no proveáis para los deseos de la carne".*
> —Romanos 13:14

Me crié en la casa de un alcohólico. Mi padre era un hombre generoso y amable, un dentista, uno de esos que llaman pilar de nuestra comunidad (sea lo que fuese eso), y alcohólico. Debido a ese hogar disfuncional en el que vivía, desarrollé una refinada habilidad para el egoísmo. Percibía que los adultos de nuestra casa estaban demasiado ocupados con sus propios conflictos, y si yo quería conseguir lo que deseaba y necesitaba, tenía que cuidar de mí misma.

Esta no es una excusa ni algo de lo que esté orgullosa. Es una realidad. Durante los últimos treinta y pico de años desde que acepté a Cristo como mi Salvador, he trabajado para intentar ser menos egoísta. Con el increíble milagro de la concepción en nuestro sexto año de matrimonio, se produjo un llamamiento inconfundible a ser un modelo de comportamiento positivo. Como padres, vivimos momentos en los que ser desinteresado es casi hasta fácil. (He dicho *casi*). Cuando un niño hambriento llora en mitad de la noche, y debemos alimentarlo, no podemos ser egoístas, aunque queramos. Pero también hay muchas oportunidades para pensar *solo* en uno mismo:

> "*Estoy* muy cansado para ir a la iglesia".

> "*Quiero* evitar la fiesta del vecino... aunque alguien tenga que mentir".

> "¿Por qué siempre tengo que estar pensando en la impresión que causo a mis hijos? ¡Es demasiado!".

Una gran tarea

No, no es demasiado. Es una gran tarea, pero solo dura aproximadamente los primeros dieciocho años de la vida de su hijo. Escuchen bien lo que estoy diciendo. No les estoy pidiendo que le dediquen a su hijo hasta su último aliento hasta que él haya cumplido los dieciocho. Estoy diciendo que, durante los años en los que tienen que educar a su hijo, mientras es joven, tienen que pensar en él antes que en ustedes. Ser desinteresados no significa ser padres indulgentes. Ser desinteresados significa que Cristo es el número uno, y la tarea temporal de educar a su hijo es lo principal para ustedes en este momento. Lo normal es que les esperen muchos años por delante hasta que su hijo llegue a convertirse en un adulto, y ustedes tengan la libertad, en cierto sentido, para hacer sus propias cosas. Mientras están ocupados en la tarea de educar a su hijo, tienen la oportunidad de establecer un modelo para él de lo que significa ser una persona carente de egoísmo.

PASOS PRÁCTICOS:

PASO 1: Saber que, para lo bueno o para lo malo, *somos* un modelo de comportamiento.

PASO 2: Aceptar el reto de ser el mejor modelo.

PASO 3: Descubrir que somos modelos en lo que decimos *y* en lo que hacemos.

PASO 4: Dejar que este conocimiento influya en nuestro comportamiento.

PASO 5: Recordar que no se trata solo de uno mismo.

(Introduzcan sus nombres) están llamados a ser
"...imitadores de Dios..."
—Efesios 5:1
"...Dios es amor..."
—1 Juan 4:16

Y

El amor y (introduzcan sus nombres)
...es sufrido
...es benigno
...no tiene envidia
...no es jactancioso
...no se envanece
...no hace nada indebido
...no busca lo suyo
...no se irrita
...no guarda rencor
—1 Corintios 13:4-5

Unas acertadas palabras de John, el padre

Cuando estábamos criando a nuestros hijos, hubo momentos en los que me hubiera gustado rebobinar la cinta de sus recuerdos y borrar algo que ellos me habían visto hacer u oído decir. Uno de los más dolorosos que recuerdo es cuando, en un momento de frustración, le chillé a un jugador de un equipo de fútbol de escuela secundaria: "¿Es que no sabes recibir un pase?". Rebobinar lo dicho y borrarlo era imposible. Así que tuve que optar por la segunda mejor alternativa. Pedí perdón al jugador, a sus padres y a nuestro hijo. Sí, fui modelo de una mala decisión, pero la secundé con una buena. (Y elegí no repetir la mala).

Hay muy pocas cosas que los padres puedan hacer que sean más importantes que ser un buen modelo de comportamiento para su hijo. Cuando los hijos son pequeños, los padres tienen un papel protagonista en sus vidas. Su hijo los observa, los escucha y quiere ser como ustedes. Si papá y mamá hacen esto, debe ser lo correcto. Si papá y mamá dicen esto, debe ser correcto decirlo. Esa es una terrible responsabilidad para los padres. ¿Pueden manejar esa tarea? Sí, claro que pueden porque Dios envió a su Hijo como modelo de comportamiento. Si su objetivo es aprender lo máximo posible sobre el Padre celestial y seguir su ejemplo, estarán en el buen camino para convertirse en un modelo de comportamiento para su hijo. ¿Cometerán errores? Sin duda. Incluso puede que lleguen a insultar a un jugador y tengan que disculparse por ello. Cuando se produce una de estas malas decisiones, simplemente deben aplicar la siguiente elección correcta. Y después aprender de esa mala elección para no repetirla.

Una de mis imágenes favoritas de Cristo como modelo de comportamiento para nosotros se puede encontrar en el capí-

tulo 1 de Marcos. Jesús había trabajado mucho todo el día e incluso por la noche. Al día siguiente, "muy de madrugada, cuando todavía estaba oscuro, Jesús se levantó, salió de la casa y se fue a un lugar solitario, donde se puso a orar" (Mr. 1:35, NVI). Cuando nuestros hijos eran pequeños, yo tenía más de un trabajo. Muchas veces trabajaba todo el día e incluso por la noche. ¿Qué hacía Jesús después de esos días de trabajo agotador? Se levantaba pronto y oraba. Ese es el modelo a seguir. No hay excusas. Levantarse pronto por la mañana para orar era una prioridad para Cristo. Esa es la lección que aprendí por fin. Ojalá la hubiera aprendido antes.

Jesús es el modelo perfecto. Nuestro reto como padres es aprender todo lo que podamos sobre Él. Nuestro reto es ser el modelo de las características de Cristo.

Estar presentes

El debate continúa desde hace veinticinco años. Como padres, ¿qué estamos intentando conseguir: cantidad de tiempo con nuestros hijos o calidad de tiempo? Ningún padre está en contra de la importancia de tener un tiempo de calidad con su hijo. Mi idea es que no se trata de una elección entre una cosa y otra. Más bien creo que el tiempo de calidad es algo que se produce ocasionalmente cuando estás ocupado en tener cantidad de tiempo. Y esto nos lleva al primer paso que dar cuando los padres usan la estrategia de estar presentes.

PASO 1: *Garantizar cantidad de tiempo con su hijo.*

> *"Y las enseñaréis [estas palabras mías] a vuestros hijos, hablando de ellas cuando te sientes en tu casa, cuando andes por el camino, cuando te acuestes, y cuando te levantes".*
> —Deuteronomio 11:19

Este versículo es una maravillosa ilustración del Paso 1. Abarca el ámbito de la cantidad incluyendo cuando te sientes en casa, mientras vas por el camino, al acostarte y al levantarte. Y también abarca el ámbito del Paso 2. Paso 1: Garantizar cantidad de tiempo con su hijo, y después…

PASO 2: *Organizar tiempo de calidad dentro de una cantidad de tiempo.*

"Y las enseñaréis *[estas palabras mías] a vuestros hijos,* hablando *de ellas cuando te sientes en tu casa, cuando andes por el camino, cuando te acuestes, y cuando te levantes".*

—Deuteronomio 11:19, cursivas añadidas

Estar con su hijo no es suficiente. Si desean *ser padres*, deben buscar maneras de conectar y estar presentes en la vida de su hijo.

El control remoto

Un hombre y el control remoto; bueno, esto es una relación difícil de entender para la mayoría de las mujeres. Siendo la madre de tres hombres y la esposa de otro, el control remoto es algo que rara vez tengo en mi poder. No tengo el nivel suficiente para participar en el campeonato de cambio de canal. Pero me parece que esta habilidad tan desarrollada tiene al menos una seria desventaja. El peligro de controlar e interactuar con la pantalla del televisor (eliminar las escenas no deseadas o los anuncios de televisión, con muy poco esfuerzo) podría llevar a algunos hombres, a algunos padres, a creer falsamente que pueden controlar y relacionarse con su hijo de la misma manera: por control remoto. Esto contrarresta el tiempo cualitativo.

¡Cuidado mamás!

Ahora, antes de que todas las madres empiecen a recitar ese último párrafo a sus esposos, déjenme que les presente otro concepto, uno que será más doloroso para nosotras, las mujeres. Mamá, aquí va una pregunta para ti. ¿Cuál de tus comportamientos te afecta más negativamente a la hora de disponer de tiempo de calidad con tu hijo? La respuesta puede ser la multitarea: hacer dos, tres o media docena de cosas a la vez. La multitarea es algo a lo que las mujeres dan mucho valor, como si se tratara de un evento olímpico. En realidad, me he

preguntado más de una vez si no será una maldición. Es la multitarea lo que nos anima a hacer unas cuantas llamadas, mientras vamos
con los niños en el auto. La multitarea nos permite cocinar, cuidar
al bebé, controlar que la niña
haga bien sus deberes y repren-
der al perro, todo al mismo
tiempo. No me extraña que la
niña piense que no nos preocu-
pamos realmente por sus deberes (o incluso puede que ni por
ella misma).

> LOS PADRES CRISTIANOS
> QUE PASAN UNA HORA O
> MENOS RELACIONÁNDOSE
> CON SUS HIJOS TIENEN
> MÁS POSIBILIDADES DE
> SENTIR QUE LOS MEDIOS DE
> COMUNICACIÓN TIENEN UNA
> GRAN INFLUENCIA SOBRE
> SUS HIJOS.

Tal vez los padres quie-
ran hacer su trabajo mediante
el control remoto perdiendo
su oportunidad de tener un
tiempo de calidad con sus hijos, pero nosotras las madres tratamos de
hacer nuestra labor como un añadido a otras cosas urgentes de la vida.
Tanto el padre como la madre pueden estar físicamente presentes, y la
cantidad de tiempo que pasan con su hijo puede ser grande. Ambos
pueden estar en la misma casa, incluso en la misma habitación que su
hijo al mismo tiempo, pero la cuestión sigue siendo la misma. Pregún-
tense: "¿Estoy físicamente presente, pero emocionalmente ausente?".

Cuando usen la estrategia de ser padres que están presentes,
deben: Paso 1: Garantizar cantidad de tiempo con su hijo; Paso 2:
Organizar tiempo de calidad dentro de una cantidad de tiempo; y…

PASO 3: *Trabajar, jugar y orar con su hijo.*

> *"Saben también que a cada uno de ustedes lo hemos
> tratado como trata un padre a sus propios hijos. Los
> hemos animado, consolado y exhortado a llevar una
> vida digna de Dios, que los llama a su reino y a su
> gloria".*
>
> —1 Tesalonicenses 2:11-12, NVI

Una vez leí una placa que decía: *Sé bueno con tus hijos, ellos elegirán su residencia de ancianos.* ¿Qué significa ser bueno con tu hijo? La esencia se encuentra en el versículo de arriba. Serán buenos con su hijo si lo animan, lo consuelan y lo exhortan a llevar una vida digna de Dios. Estas tres cosas necesitan cantidad de tiempo. Pueden hacerse mientras trabajan, juegan u oran juntos, pero requieren hacer una inversión de tiempo en su hijo. Una cosa que sé sobre inversiones es que uno invierte en algo que va a darle beneficios. No puedo ofrecer un buen consejo sobre inversiones, pero sí puedo darles uno como madre, que vale la pena aplicar: tómense su tiempo para construir una relación con su hijo, invirtiendo tiempo en trabajar, jugar y orar juntos.

Trabajar juntos

Trabajar con su hijo ofrece una gran oportunidad de disfrutar de cantidad de tiempo y tiempo de calidad. Es importante resaltar la palabra *juntos*. No estoy hablando de asignar tareas para que cada uno las haga independientemente. Estoy sugiriendo hacer trabajos diarios juntos.

¿Qué puede hacer su hijo para trabajar juntos mientras ustedes están, por ejemplo, cocinando? A los niños les encanta medir los ingredientes y mezclarlos. Todo esto necesita supervisión, por supuesto. Soy muy consciente de que tener un pequeño ayudante no hará precisamente que las tareas sean más rápidas y eficientes. El objetivo es hacer que sea posible tener un tiempo de calidad pasando una cantidad de tiempo juntos. Cocinar galletas de chocolate puede ser una actividad divertida para hacer juntos; una tarea que tiene una dulce recompensa. Nuestro objetivo es trabajar juntos, hablar, aprender y compartir una experiencia.

Galletas de chocolate: juntos

Un paquete extra de trocitos de chocolate para picar... $ 3

Más harina para reemplazar la que se tira... $ 0,23
Masa de galletas comida... $ 2
Tiempo pasado con su hijo... ¡no tiene precio!

¿Y cuando están trabajando en el jardín? ¿O cuando limpian, friegan o pasean al perro? Piensen en trabajos que hacen y determinen en cuáles pueden incluir a su hijo, quien no debería ser un simple observador o hacer el trabajo sucio. Demasiado a menudo, los padres asignan al hijo las tareas que son más difíciles o menos atractivas. Esto no es lo adecuado. No importa cuál sea la edad de su hijo (pasada la época de bebé, claro), siempre podrá hacer algo para ayudar.

Trabajar juntos consigue muchas cosas. Su hijo está pasando cantidad y a la vez calidad de tiempo con ustedes, y ese tiempo puede enseñarle alguna habilidad, a resolver algún problema o a tener una conversación. No solo eso, sino que su hijo se sentirá una parte necesaria de la familia. Demasiados niños hoy día son vistos, y se ven a sí mismos, como una parte poco importante de la familia o incluso como una carga. Su presencia ocasiona *más* trabajo, cuesta *más* dinero y causa *más* estrés. Asegúrense de no estar transmitiendo este mensaje a su hijo. Ayúdenlo a identificarse como parte importante y necesaria de la familia.

Una vez más, déjenme recordarles que la eficacia no es su meta. Permitir que su hijo trabaje con ustedes no tiene necesariamente que hacer el trabajo más fluido o más rápido. Tienen un objetivo más importante: trabajar juntos y disfrutar de un tiempo de calidad, mientras pasan una cantidad de tiempo con su hijo. Incluso los que tengan una personalidad tipo A pueden aprender a disfrutar de la aventura de trabajar con su hijo si esa es su intención.

¿Puede Pablo salir a jugar?

Hay muchos padres que se pierden todo tipo de oportunidades para jugar con su hijo. Llevar a su hijo pequeño a jugar en un partido y sentarse ustedes en las gradas NO es jugar juntos. Pueden decir que han pasado una importante cantidad de tiempo con su hijo, pero durante el partido, con quien tendrán ustedes más relación será con los padres que estén sentados a su lado. Tomen nota. No estoy defendiendo que ustedes se pierdan los partidos de su hijo. Si lo hicieran, después no podrían comentar el resultado con su hijo. Su presencia le comunica que él es importante, y que sus actividades e intereses son importantes para ustedes.

Si observar cómo juega su hijo no significa jugar juntos, ¿a qué nos referimos? Todos participamos en una de las formas más simples: el juego del cucú. Un niño de dos años puede incluirlos en una forma básica de jugar a tirar y levantar. Simular también es divertido, aunque sea jugar con las muñecas y fingir que se está participando en una fiesta o se es un superhéroe.

No se olviden de los juegos para preescolares. ¿Estos juegos los estimularán intelectualmente? ¿Son intrigantes y fascinantes para el adulto? ¿Importa eso? No olviden el Paso 5 del capítulo anterior: recordar que no se trata solo de uno mismo.

Es interesante señalar que son los padres que están presentes y juegan con su hijo desde que es muy pequeño los que podrían recibir una llamada de su hijo adulto para invitarles a "jugar". Hagan la inversión cuando son jóvenes.

Oremos

¿Y orar juntos? Eso puede empezar tan pronto como su hijo haya nacido. En ese momento, puede tratarse de orar *por* su hijo, pero con el tiempo su hijo podrá unirse a ustedes en la oración. Al principio, querrá orar por su familia y amigos, o puede que por el profesor de la escuela dominical. Al ir creciendo y hacerse más independiente, la lista de oración puede que incluya a los profesores del colegio, a sus compañeros y sus tareas.

Cuando nuestros hijos eran pequeños, les preguntábamos qué y a quién querían incluir en sus oraciones de antes de dormir. Pasados unos años, ellos mismos oraban, y nosotros tan solo nos uníamos a su oración. Finalmente, oraban de forma independiente; los padres ya no éramos necesarios. Cuando todavía formábamos parte de sus oraciones nocturnas, establecimos un ritual. Al final de la oración, John o yo decíamos: "Mamá y papá los quieren muchísimo, ¿y ustedes a quién aman más?". Y cada noche ellos respondían en voz alta y con euforia: "A Jesús" (¡respuesta correcta!). Era una rutina: una pregunta predecible con una respuesta igualmente predecible. Era un ritual repetido cada noche. ¡Y era la verdad!

> EN PROMEDIO, LOS PADRES CRISTIANOS TIENEN MOMENTOS DE DEVOCIÓN CON SUS HIJOS SOLO UNA VEZ A LA SEMANA.

También teníamos tiempos de devoción familiares por la mañana en el desayuno. Antes de que se lleven una impresión equivocada sobre los momentos de devoción de nuestra familia, déjenme decirles que yo los llamaba cariñosamente "devoción conmoción". Los niños llegaban a desayunar uno a uno y empezaban a comer. Cuando todos estábamos juntos, comenzábamos el tiempo de devoción. Leíamos un versículo de la Biblia y una historia breve que ilustraba la aplicación del versículo. Unos días nos extendíamos en el tema. Otros no. Después nos tomábamos de las manos y orábamos. Uno de mis recuerdos favoritos es cuando escuché a uno de los chicos, tras pronunciar el amén, anunciar que uno de sus hermanos tenía los ojos abiertos. Mmm... ¿y cómo lo sabía él? Nuestro objetivo en los tiempos de devoción en familia era hablar de la Palabra de Dios para que los chicos la guardaran en su corazón. Y mientras esto estaba sucediendo, también estábamos disfrutando unos de otros.

¡Comamos!

No quiero ignorar la oración de la hora de la comida. En nuestra casa, orábamos después de desayunar. A la hora de la comida y de la cena, orábamos de una forma más tradicional, antes de empezar a comer. Orábamos en casa y cuando comíamos fuera. Más de una vez, las oraciones que hacíamos en los lugares de comida rápida traían comentarios positivos por parte de otros comensales. Orar antes de comer es una manera de declarar nuestra fe. Si estábamos acompañados de otras personas que no estaban acostumbradas a orar en una comida pública, nosotros nos proponíamos no hacerlas sentirse incómodas. Se ofrecía una simple oración para empezar a comer de forma positiva. "Oremos", decíamos John o yo. Y después, inmediatamente ofrecíamos esta oración: "Querido Jesús, bendice esta comida. Amén". Corto, simple, directo y apropiado para el lugar y la compañía.

Cuando se desea *ser padres*, se usa la estrategia de estar presentes y Paso 1: Garantizar cantidad de tiempo con su hijo; Paso 2: Organizar tiempo de calidad dentro de una cantidad de tiempo; Paso 3: Trabajar, jugar y orar con su hijo; y...

PASO 4: *Incluir a su hijo en su mundo de adultos.*

"...Dejad a los niños venir a mí, y no se lo impidáis; porque de los tales es el reino de Dios".

—Marcos 10:14

¿Cómo aprende un niño a desenvolverse en ambientes de adultos? Aprende a través de padres cariñosos que han establecido límites y desean guiarlo con su experiencia.

En muchas iglesias, existe el culto especialmente dirigido a los niños. Este ministerio puede ser positivo tanto para los padres como para los hijos. Los padres pueden asistir al culto y centrarse en él, y a los niños se les imparte una lección que sea adecuada para su edad. Y al final, hay un momento en el que todos alaban juntos. En la iglesia a la que nosotros asistimos, la alabanza en familia se producía a muy temprana edad, porque no existía un culto para niños. Al principio cuando nuestros hijos estaban en preescolar, se sentaban entre nosotros en el culto, y los entreteníamos con dibujos y cosas similares. Aunque puede que nos perdiéramos un punto o dos de los tres que tenía el sermón, los niños estaban aprendiendo cómo comportarse en la iglesia. A edad muy temprana, entendieron que hablar en voz muy alta no estaba permitido y que, con unas distracciones mínimas, el culto en realidad *no* duraba tanto. Aprendieron paciencia y autocontrol.

La paciencia y el autocontrol son dos atributos que realmente valen la pena. Cuando su hijo vaya creciendo, lo pueden invitar a visitar su mundo laboral (si está fuera de su casa). Sin duda, habrá reglas de comportamiento y límites que puede aprender y experimentar al estar con ustedes y con otros adultos en su lugar de trabajo. La experiencia le aportará confianza en una nueva situación y le vendrá bien en la vida.

Nosotros hicimos el esfuerzo de que nuestros hijos aprendieran a estar tan cómodos en un restaurante de muchos tenedores, como de acampada comiendo alrededor del fuego. Experimentar ambos ambientes y aprender la forma de comportarse y los límites de los dos proporcionó confianza a nuestros hijos. Inviten a su hijo a estar presente en su trabajo y ofrézcanle las pautas para seguir, esto le hará sentirse seguro allí. Eso es paternidad de forma intencionada.

Repasemos. Para estar presentes deben: Paso 1: Garantizar cantidad de tiempo con su hijo; Paso 2: Organizar tiempo de calidad dentro de una cantidad de tiempo; Paso 3: Trabajar, jugar y orar con su hijo; Paso 4: Incluir a su hijo en su mundo de adultos; y finalmente…

PASO 5: *Estar disponibles para su hijo mayor, pero sin interrumpirlo.*

"Oirá el sabio, y aumentará el saber…".
—Proverbios 1:5

Este puede resultar un paso confuso. ¿Qué significa realmente estar disponibles, pero no interrumpir? Quizá con un ejemplo se entienda mejor.

Día de juegos

Mi esposo John y yo fuimos líderes del ministerio de estudiantes de nuestra iglesia más de veinte años. (No hagan las cuentas. Asusta un poco). Una de las excursiones más populares que realizábamos era un día de juegos en la universidad que quedaba a una hora de distancia. Estaba patrocinada por la *Fellowship of Christian Athletes* [Hermandad de atletas cristianos], y había música, testimonios y camisetas antes del partido de fútbol. Un año abrimos el evento a cualquier escuela secundaria que estuviera interesada en acudir, y más de treinta y cinco estudiantes compraron entradas. Debido al mayor número de asistentes, hice una solicitud a los conductores adultos. ¿Cuántos voluntarios creen que conseguí? ¿Tuve que rechazar alguno o echar suertes para ver quién tenía el privilegio de conducir hasta allí? No. Yo conduje. John condujo. Otros dos líderes y una pareja mayor de la iglesia condujeron. Ah, sí... y una madre voluntaria. Me dio mucha tristeza comprobar cuántos padres habían decidido no invertir una parte de su tiempo en ese día. La mayoría no estaban dispuestos a emplear el tiempo en pasar el día con sus hijos adolescentes y los amigos de estos. Se perdieron la oportunidad de pasar una cantidad de tiempo con ellos y puede que un tiempo de calidad también.

Cuando se conduce un auto lleno de niños, adolescentes o lo que sea, a un acontecimiento, si permaneces callado y no los interrumpes, se descubre una gran cantidad de información. ¿Qué le interesa a este grupo? ¿Los vuelven locos los chicos, las chicas o los deportes? ¿Tienen algún interés en los temas espirituales? ¿Cómo se hablan unos a otros? ¿Son respetuosos o se hacen bromas? Cuando se está disponible y deseoso de servir de chófer y no se interrumpe, al poco tiempo uno se convierte en invisible. Desde esta invisibilidad, pueden estudiar a su hijo y a sus compañeros. Es una posición inestimable que aporta muchos beneficios a los padres. Están ofreciendo un servicio, no compañía. Inténtenlo. Estar a disposición de su hijo mayor sin interrumpirlo es la acción positiva de padres que quieren estar presentes.

PASOS PRÁCTICOS:

PASO 1: Garantizar cantidad de tiempo con su hijo.

PASO 2: Organizar tiempo de calidad dentro de una cantidad de tiempo.

PASO 3: Trabajar, jugar y orar con su hijo.

PASO 4: Incluir a su hijo en su mundo de adultos.

PASO 5: Estar disponibles para su hijo mayor, pero sin interrumpirlo.

Unas acertadas palabras de John, el padre

Cuando era piloto de la Reserva de las Fuerzas Aéreas, hacía dos o tres vuelos por semana y tenía una reunión de entrenamiento de la unidad un fin de semana al mes. La base donde trabajaba estaba a unos 180 kilómetros de nuestra casa. En esas reuniones de los fines de semana, recuerdo que debatíamos sobre si pasar o no el sábado por la noche en la base. Muchos de ellos jugaban al golf después de trabajar el sábado y luego se quedaban en los cuarteles de los oficiales. Si yo iba a casa, tenía que levantarme muy temprano el domingo para regresar a la base. ¿Valía la pena el esfuerzo que suponía para estar con mi familia unas cuantas horas el sábado por la noche? Incluso cuando meditaba la cuestión, ya sabía la respuesta. Hubiera sido mucho más fácil quedarme en la base. Hubiera sido más divertido hacer unos cuantos hoyos de golf después del trabajo. Pero estar en casa con mi familia, estar presente, era casi siempre la mejor opción.

Como padres, hay muchas cosas convenientes, divertidas y aparentemente inocuas que nos tientan a tomar decisiones que no son para el mejor interés de nuestros hijos. Estar presentes requiere tiempo. Estar presentes requiere generosidad. Estar presentes requiere esfuerzo y nos exige meditar cómo pasar cada hora del día.

Muchos padres, y algunas madres también, son propensos a pensar que trabajar mucho y ganar dinero son legítimos sustitutos de estar presentes. Después de todo, si trabajas horas extras, traerás más dinero a casa para comprar cosas para tu familia. Y lo cierto es que a los adultos también les gustan esas cosas, quizá más que a los niños. Por no mencionar que a veces es más fácil trabajar fuera de casa que estar allí, presente, con tu hijo.

Hace varios años, leí una triste carta que un padre había escrito a su hijo. El padre se disculpaba con su hijo por haber estado ausente mientras crecía, y expresaba su esperanza de poder comenzar una relación ahora que eran adultos. Este padre había pensado erróneamente que una casa en la ciudad, un refugio en las montañas para esquiar y distintos autos elegantes serían reemplazos adecuados de su tiempo. El padre había acumulado muchas cosas materiales, pero había perdido a su hijo.

Emplear tiempo en estar presentes para trabajar, jugar y orar es un tiempo invertido con sabiduría. No se distraigan. No sean miopes. No se engañen pensando que cualquier cosa puede ocupar su lugar en la vida de su hijo. Y, por favor, no sean egoístas. El éxito de su hijo y su bienestar pueden depender de ello, y estoy seguro de que su relación con su hijo adulto dependerá de ello.

Ser alentadores

Enseñé en la escuela elemental varios años antes de formar nuestra familia. Casi sin excepción, me refería a mis estudiantes en conjunto como "damas y caballeros". Eso debía sonar extraño dado que eran niños de no más de doce años. ¿Por qué decidí llamarlos de esa manera? ¿No eran chicos y chicas? Supongo que sí, si pensamos en su madurez física, pero yo estaba más interesada en su comportamiento. Había aprendido que era posible que un alumno de sexto o incluso de cuarto respondiera como una dama o un caballero. Podía animarlos a responder de forma madura con sutiles sugerencias. Así que llamaba a mis alumnos damas y caballeros, y ellos a menudo cumplían con esta expectativa.

Profecía autocumplida

Las expectativas son cosas interesantes. Recuerdo haber oído hablar de un estudio hecho a presos varones de una cárcel estatal. Cuando se les preguntaba cuántos de ellos habían escuchado la frase: "Un día acabarás en la cárcel", la respuesta era impresionante. La gran mayoría había escuchado una y otra vez que estaban destinados a acabar en una cárcel. Esa era una expectativa muy poderosa. Algunos podrían llamarla una profecía autocumplida; la idea es que esos hombres, de tanto escuchar esa

> EL 61% DE LOS PADRES CRISTIANOS ADMITE QUE A VECES NO SON CAPACES DE MOTIVAR A SUS HIJOS DE FORMA POSITIVA.

frase, lograron que se cumpliera consciente o inconscientemente. ¿Qué expectativas tienen para su hijo o hija?

La terrible infancia

¿Cuántas veces han oído hablar de la "terrible infancia" o de la "turbulenta adolescencia"? Sí, estos son momentos de cambios físicos, sociales e intelectuales significativos. Pero los adjetivos *terrible* y *turbulenta* tienen implicaciones muy equivocadas. ¿Queremos que nuestros hijos experimenten una etapa de la vida que sea *terrible* o *turbulenta*? Por supuesto que no. ¿Qué tal sería la expectativa de la *fantástica* infancia y la *fabulosa* adolescencia? ¿Suena esto a truco publicitario? Bueno, puede que sea así. Es un intento de elevar las expectativas de estos estados del desarrollo. *No tienen* que experimentar lo negativo. No es un mandamiento de las Escrituras. Sugiero en su lugar…

PASO 1: *Apuntar alto, pero sin pasarse.*

> *"…el hombre mira lo que está delante de sus ojos, pero Jehová mira el corazón".*
> —1 Samuel 16:7

El profeta Samuel fue enviado por Dios para ungir al nuevo rey de Israel. No fue una búsqueda a ciegas, y no se trataba de examinar solicitudes para el trabajo. Dios envió a Samuel a una familia en especial. Uno de los hijos de Isaí iba a ser el nuevo rey. Pero al principio, el profeta no eligió al hijo correcto.

> "Y aconteció que cuando ellos vinieron, él vio a Eliab, y dijo: De cierto delante de Jehová está su ungido. Y Jehová respondió a Samuel: No mires a su parecer, ni a lo grande de su estatura, porque yo lo desecho; porque Jehová no mira lo que mira el hombre; pues el hombre mira lo que está delante de sus ojos, pero Jehová mira el corazón. Entonces llamó Isaí a Abinadab, y lo hizo pasar delante de Samuel, el cual dijo:

Tampoco a éste ha escogido Jehová. Hizo luego pasar Isaí a Sama. Y él dijo: Tampoco a éste ha elegido Jehová. E hizo pasar Isaí siete hijos suyos delante de Samuel; pero Samuel dijo a Isaí: Jehová no ha elegido a éstos. Entonces dijo Samuel a Isaí: ¿Son éstos todos sus hijos? Y él respondió: Queda aún el menor, que apacienta las ovejas. Y dijo Samuel a Isaí: Envía por él, porque no nos sentaremos a la mesa hasta que él venga aquí. Envió, pues, por él, y le hizo entrar; y era rubio, hermoso de ojos, y de buen parecer. Entonces Jehová dijo: Levántate y úngelo, porque éste es" (1 S. 16:6-12).

Las expectativas no tienen que estar basadas en lo que es obvio. Así como mis estudiantes de escuela elemental no eran etiquetados por la mayoría como damas y caballeros, David tampoco era el candidato más obvió para ser rey. Pero Dios conocía sus capacidades.

Esperen lo mejor de su hijo, no lo peor. Pero, por favor, sean realistas en sus expectativas, porque si están por encima de lo que es posible, ustedes y su hijo acabaran sintiéndose frustrados.

Exigencias imposibles

Estaba sentada en el jardín con una madre joven, y mirábamos perezosamente a nuestros hijos jugar. Antes de darnos cuenta, su hija de dos años se había salido de los límites de la zona de juego. "Olivia —dijo su madre—, ven aquí inmediatamente". Cuando Olivia no obedeció, la madre añadió una consecuencia a la orden: "Olivia, vuelve aquí antes de que cuente tres, o te daré un azote".

Cuando calculé la distancia entre nuestras sillas y el lugar donde se encontraba Olivia y consideré la habilidad de la niña para recorrer ese espacio a toda velocidad, me di cuenta de que no había manera alguna de que Olivia llegara hasta donde estábamos antes de contar hasta tres. Incluso antes que la madre empezase a contar, sugerí que reconsiderara la demanda: "No creo que pueda hacer lo que quieres. Puede que debieras rectificar la orden. Puedes decirle que para cuando cuentes tres, ella ya tiene que estar caminando en nuestra dirección". La madre estuvo de acuerdo. Sus expectativas habían sido demasiado altas. No era posible que su hija experimentase el éxito. La expectativa, en este caso la orden, estaba más allá del ámbito de la posibilidad. La madre modificó la instrucción, y Olivia fue capaz de cumplir con ella.

¿Y ustedes? ¿Tienen expectativas realistas para su hijo? ¿Exigen cosas imposibles? Cuando llamaba a mis alumnos damas y caballeros, sabía que podían comportarse como tales. Y cuando no eran capaces de hacerlo, simplemente les recordaba lo que yo sabía que eran capaces de hacer. Cuando evalúen sus expectativas para con su hijo, asegúrense de eliminar las que son demasiado bajas y las que son demasiado altas.

Paso 1: Apuntar alto, pero sin pasarse. Tras hacer esto, es hora de…

PASO 2: *Pillar a su hijo haciendo algo bien.*

> *"Por lo cual, animaos unos a otros, y edificaos unos a otros, así como lo hacéis".*
> —1 Tesalonicenses 5:11

La primera vez que oí hablar de este paso fue a Wayne Rice, el cofundador de *Youth Specialties* [Especialidades Juveniles] y fundador de los seminarios *Understanding Your Teenager* [Entiende a tu adolescente]. ¿Qué se pretende con el reto de "pillar a su hijo haciendo algo bien"? Sin duda, su hijo hace muchas cosas meritorias. Lo cierto es que, demasiado a menudo, los padres no se dan cuenta de esas cosas. Por el contrario, se centran en aquello que no hacen demasiado bien o que hacen de forma incorrecta. El versículo de la

DE TODAS LAS FORMAS DE DISCIPLINA Y MODIFICACIÓN DEL COMPORTAMIENTO, *RECOMPENSAR EL COMPORTAMIENTO DESEABLE* FUE CONSIDERADO EL MÁS EFECTIVO.

Biblia citado anteriormente es uno de mis favoritos. Es una ilustración del Paso 2. El escritor de Tesalonicenses esperaba que los amigos a los que estaba sirviendo "hicieran algo bien". En este caso, se alentaban unos a otros. Él aplaudía este aliento mutuo. "Así como lo hacéis". Esta es la implicación de las últimas palabras del versículo: "Así como lo hacéis". Se estaba alentando a los tesalonicenses a seguir animándose y edificándose unos a otros. Estaban haciendo bien las cosas.

Maneras de actuar

Te amo.
¡Qué atento!
Sé que puedes hacerlo.
Esa es una buena observación.
Eres fantástico.
Estás mejorando mucho.
Eso fue algo muy considerado de tu parte.
Está bien. Nadie es perfecto.
Estoy orgulloso de ti.
Hiciste la elección correcta.
¡Bien pensado!
Gracias por tu ayuda.
¿Me perdonas?
Entiendo.
Te amo.[1]

Y su hijo está haciendo muchas cosas bien. Tienen la oportunidad de alentar ese comportamiento. Lo cual nos lleva al siguiente paso para actuar intencionalmente como padres. Paso 1: Apuntar alto, pero sin pasarse; Paso 2: Pillar a su hijo haciendo algo bien. Y asegúrense de...

PASO 3: *Aplaudir el resultado y el proceso.*

> *"Hermanos, yo mismo no pretendo haberlo*
> *ya alcanzado; pero una cosa hago: olvidando*

ciertamente lo que queda atrás, y extendiéndome a
lo que está delante, prosigo a la meta, al premio del
supremo llamamiento de Dios en Cristo Jesús".
—Filipenses 3:13-14

Todos los exámenes de deletrear con sobresaliente estaban expuestos en el tablón de anuncios. Eran el producto final de una semana de trabajo. Los estudiantes que deletreaban cada palabra correctamente eran aplaudidos; y con razón. No es fácil aprender a deletrear un grupo de veinte palabras en solo una semana.

Estoy totalmente a favor de dar premios a los mejores. Pero ¿qué tal si aplaudimos el proceso además del producto final? Si sus alumnos son diligentes a la hora de estudiar todas esas palabras cada tarde —por ejemplo, escribiéndolas cinco veces seguidas—, creo que debería premiarse su constancia. Casi todos los estudiantes saben que si sacar un sobresaliente en el examen final es la *única* recompensa que merece el aplauso, hay más de una manera de conseguir ese objetivo. Si Tomás, que se sienta justo al lado de María, deletrea muy bien, ella puede copiar el trabajo de Tomás, y así su examen también será expuesto en el tablón. Desafortunadamente, cuando se aplaude *esa* actuación, se está aplaudiendo el acto de copiar. Busquen oportunidades de celebrar el proceso además del resultado.

PRODUCTO	PROCESO
Sobresaliente en el examen de deletrear	Escribir cada palabra cinco veces
Encestar la canasta ganadora	Lanzar a la canasta una y otra vez
Buenas maneras en público	Buenas maneras en casa
Recital de piano perfecto	Practicar las escalas musicales

Si eligen *ser padres*, elegirán también: Paso 1: Apuntar alto, pero sin pasarse; Paso 2: Pillar a su hijo haciendo algo bien; Paso 3: Aplaudir el resultado *y* el proceso; y...

PASO 4: *Animar a su hijo a que anime a otros.*

"Doy gracias a mi Dios siempre que me acuerdo de vosotros, siempre en todas mis oraciones rogando con gozo por todos vosotros, por vuestra comunión en el evangelio, desde el primer día hasta ahora; estando persuadido de esto, que el que comenzó en vosotros la buena obra, la perfeccionará hasta el día de Jesucristo".

—Filipenses 1:3-6

Recuerdo haber visto un maravilloso ejemplo de esto en el campo de fútbol de la escuela secundaria. Había un receptor que acababa de dejar el partido. Su reemplazo había entrado para agarrar el lanzamiento del *quarterback*, y se pedía un pase largo hasta la zona final. El *quarterback* dio un paso hacia atrás y lanzó el balón realizando una espiral perfecta que acabó en las manos del receptor de reemplazo. Este sostuvo con firmeza el balón y corrió a toda prisa hasta la zona final, sin ser tocado. ¡*Touchdown!* Los espectadores se volvieron locos, y mis ojos pudieron captar al receptor en la banda. Me di cuenta de que estaba tan emocionado como el público. Salió corriendo al campo y fue el primero en felicitar al otro receptor, el que había ocupado su puesto, el que recibía todos los aplausos por su actuación. Me dieron ganas de salir corriendo al campo y felicitar al joven que animaba al otro. Su comportamiento carente de egoísmo demostraba un carácter que debía ser aplaudido.

Los papás y las mamás son los animadores.
Animan cuando su hijo tiene éxito.

Animan cuando su hijo no tiene éxito.
Y lo que es más importante, animan a su hijo
cuando su hijo anima a los que tienen éxito
y anima a los que no lo tienen.*

*Adaptado de *It's a Mom Thing* [Es asunto de mamá] de Kendra Smiley.

Hermano frente a hermano

Gran parte de la rivalidad entre hermanos proviene de la incapacidad para animarse mutuamente y aplaudir el éxito del otro. Pero lo opuesto a la rivalidad entre hermanos es el ánimo mutuo.

Jeff y Jerry son hermanos. Cuando eran niños, eran los mejores amigos, jugaban juntos y elegían actividades e intereses similares. Sin embargo, cuando los conocí, su amistad era, sin exagerar, tenue. ¿Qué ocurrió para que estos dos hermanos se llevaran así de mal? Estoy segura de que la respuesta es más complicada de lo que imagino, pero sé algo sobre esos años de crecimiento. Su padre continuamente fomentaba la competencia entre ellos. Competían deportiva y académicamente, y su padre siempre estaba preparado para proclamar quién era el ganador y quién era el perdedor de los concursos. ¿Pueden imaginarse la cantidad de tensión que se puso en esta relación entre hermanos? En realidad la rivalidad entre ellos fue fomentada por el padre.

Competición o felicitaciones

¡Qué triste! Puede que este ejemplo resulte un tanto extremo. Pero ¿cómo pueden alentar a sus hijos a *animarse* entre ellos? Es obvio, no hay que establecer una competición entre ellos. Más bien hay que buscar ocasiones para felicitarlos. También pueden ayudar a cada uno de sus hijos a identificar y desarrollar sus talentos naturales. Es muy probable que cada niño tenga una habilidad diferente que puede mejorar y disfrutar. Incluso siendo niño, a nuestro hijo mayor le encantaban los deportes. Le gustaba en especial el fútbol americano y todavía hoy es entrenador adjunto en un colegio de primera división. Nuestro segundo hijo se las arregló para convertir su pasión por los caballos en un trabajo de verano antes de los quince y, al final, en una carrera como veterinario. Mi hijo pequeño me ayudaba a poner y quitar la mesa cuando solo tenía dos años. Inocentemente lanzó uno de los vasos al fregadero con tanta fuerza que se rompió en pedazos. Le animé a tener más cuidado en el futuro, y después, durante dieciséis años, lo vi jugar horas y horas a "lanzar y recibir la pelota" con su padre. Hoy día este zurdo lanza para el equipo de primera división de su facultad. Cuando el más joven llegó al equipo de la universidad, sus hermanos mayores se atribuyeron parcialmente el mérito. ¿Jugaron alguna vez con él? Si lo hicieron, no fue mucho. Pero lo *apoyaron*, aplaudieron sus éxitos y compartieron con él la pena por las derrotas. Estaban unidos por el ánimo mutuo que se ofrecían.

La rivalidad entre hermanos no es un requisito. Y cuando se decide *ser padres*, ustedes pueden hacer mucho para evitar que sea un factor en la dinámica familiar. En su lugar, ustedes pueden fomentar la armonía entre hermanos y felicitarlos por ello. Pueden usar la estrategia de animar a su hijo y: Paso 1: Apuntar alto, pero sin pasarse; Paso 2: Pillar a su hijo haciendo algo bien; Paso 3: Aplaudir el resultado *y* el proceso; Paso 4: Animar a su hijo a que anime a otros; y finalmente...

PASO 5: *Enseñar a su hijo a alabar a Dios.*

"¡Te alabo porque soy una creación admirable!...".
—Salmos 139:14, NVI

Hace años había un libro titulado *Hurting People Hurt People* [Las personas heridas hieren]. No creo que nadie discuta ese concepto. También creo que *las personas desanimadas desaniman*. Uno de los mejores antídotos contra el desánimo es alabar a Dios. Al alabarle pasamos al Señor la atención que nos prestamos a nosotros. Según mi experiencia, a los niños (y a los adultos también) que se centran en sí mismos les resulta muy difícil animar a los demás e incluso recibir ánimos. Después de todo, "solo se trata de mí".

Cuando se les enseña a los hijos a alabar a Dios, se les está enseñando a no centrarse en sí mismos y a hacerlo en el Padre celestial.

Alabar a Dios

"Pero tú eres santo, tú que habitas entre las alabanzas de Israel" (Sal. 22:3). Piensen en ello, Dios está tan cerca como las alabanzas de sus hijos. Pero ¿qué pasa si Él se siente lejano? Recuerdo haber visto una pegatina que decía: "Si crees que Dios está muy lejos, adivina quién se alejó".

Dios habita entre sus alabanzas y las de su hijo. ¡Vive allí! Cuando un niño aprende a dar las gracias y a alabar a Dios, se le recuerda que Él tiene el control. "Toda buena dádiva y todo don perfecto desciende de lo alto..." (Stg. 1:17); alabar a Dios por estos dones es un hábito importante que infundir en su hijo. Además, los que intencionadamente quieren actuar como padres alaban a Dios no solo por lo *que* hace sino por *quién* es. El niño que aprende a alabar a Dios es el que anima y es animado por su presencia.

PASOS PRÁCTICOS:

PASO 1: Apuntar alto, pero sin pasarse.

PASO 2: Pillar a su hijo haciendo algo bien.

PASO 3: Aplaudir el resultado *y* el proceso.

PASO 4: Animar a su hijo a que anime a otros.

PASO 5: Enseñar a su hijo a alabar a Dios.

Unas acertadas palabras de John, el padre

Acontenció después de la muerte de Moisés siervo de Jehová, que Jehová habló a Josué hijo de Nun, servidor de Moisés, diciendo... Esfuérzate y sé valiente; porque tú repartirás a este pueblo por heredad la tierra de la cual juré a sus padres que la daría a ellos. Solamente esfuérzate y sé muy valiente, para cuidar de hacer conforme a toda la ley que mi siervo Moisés te mandó; no te apartes de ella ni a diestra ni a siniestra, para que seas prosperado en todas las cosas que emprendas... Mira que te mando que te esfuerces y seas valiente; no temas ni desmayes, porque Jehová tu Dios estará contigo en dondequiera que vayas.

—Jos. 1:1, 6-7, 9

A un exitoso entrenador de béisbol de primera división le preguntaron el secreto de su éxito. Su respuesta fue: "¡Animar!". ¿Qué hace que animar sea algo tan poderoso? Además de sentirse bien al recibir ese ánimo, animar da confianza y fomenta la seguridad. Animar hace que las personas intenten dar lo mejor de sí mismas y las puede impulsar a hacer algo que creen que está por encima de sus posibilidades.

En el papel de padre, maestro, entrenador y mando militar, he presenciado de primera mano el efecto positivo que el ánimo produce en las personas. He visto jóvenes sorprenderse ante su propia actuación que superaba todas sus expectativas. Y ha sido, y no en una pequeña parte, como resultado del ánimo.

"Puedes hacerlo".

"No te vendas barato".

"Solo una más".

"Tienes lo que hace falta".

Este tipo de frases impulsan a los jóvenes y a los adultos a dar lo mejor de sí mismos.

Su hijo madura cuando se siente animado. Quiere que ustedes lo ayuden a ver las posibilidades que existen. Necesita creer en sí mismo cuando sus compañeros, o los adultos, o las

*circunstancias intentan derribarlo o silenciarlo. Desea que uste-
des tengan una imagen positiva de su potencial.*

*Como vemos en los versículos anteriores, Dios animó mucho
a Josué. Sabía lo difícil que era el trabajo que le tocaba y lo
importante que era que tuviera éxito en él. El Señor sabía que
sus palabras de aliento serían una influencia poderosa.*

Papá, mamá, sean fuertes y valientes. Su tarea no es fácil.

*Papá, mamá, sean fuertes y valientes. Su tarea requerirá
compromiso.*

*Papá, mamá, sean fuertes y valientes. La promesa de Dios
a Josué es la promesa de Dios a los creyentes de hoy día. "No te
apartes de ella ni a diestra ni a siniestra, para que seas prosperado en todas las cosas que emprendas".*

Disciplinar con amor

No hay una respuesta fácil en lo que a disciplina se refiere, no hay un molde ni un modelo para todas las tallas. Gracias a Dios, la Biblia nos proporciona principios que responden muchas preguntas sobre la disciplina y la educación de los hijos. La disciplina es un fundamento bíblico importante. Es algo que hay que hacer por amor, y *realmente* funciona. Echemos un vistazo a algunas de las cosas que pueden distraernos a la hora de administrar disciplina con amor.

Mi normalidad

En mi casa, cuando yo era pequeña, mi madre era la única responsable de mi disciplina. Mi padre tenía cuarenta y cinco años cuando yo nací y se refería a mí como su "nieta". Y esa era también su manera de relacionarse conmigo. Él estaba allí para consentirme, no para ofrecer una dirección y una estructura a mi vida. Mi madre, por otra parte, era más joven y mucho más diligente con la disciplina. Establecía las reglas e imponía las consecuencias. Aunque yo no era una niña obstinada, recibía azotes con relativa frecuencia. Pasaba mucho tiempo intentando descubrir formas nuevas y creativas para no seguir las reglas y evitar la disciplina. Tuve mucho éxito… durante algún tiempo. Desdichadamente, aquellos "éxitos" no me ayudaron mucho cuando me hice adulta.

Su normalidad

La experiencia educativa de mi esposo fue diferente a la mía. Su padre era un hombre de disciplina fuerte, y no había lugar para la desobediencia creativa. Ya he señalado que la definición de *norma-lidad* es todo lo que sucede en su familia de origen, no importa lo chocante que pueda resultar para los demás. Cuando John y yo nos casamos, él trajo su normalidad, y yo traje la mía. El reto fue establecer una nueva normalidad para nuestra familia.

El mero hecho de que dos familias se combinen puede ser una fuente de problemas a la hora de disciplinar a un hijo.

"Estás siendo muy duro con él", declara uno de los padres.

"Nunca le impones las consecuencias adecuadas. Ella siempre se sale con la suya", reclama el otro.

Cuando el niño se da cuenta de la discrepancia, es muy probable que saque provecho de ella y ponga a un padre en contra del otro. Esto lleva al primer paso crucial para papá y mamá:

PASO 1: *Cantar la misma canción.*

> *"El necio menosprecia el consejo de su padre; mas el que guarda la corrección vendrá a ser prudente".*
> —Proverbios 15:5

Me doy cuenta de que muchos de los lectores de este libro pueden ser padres solteros. Eso significa que son los únicos que seleccionan la "canción". Cuando se recibe ayuda de los padres o de los amigos, es importante que todos los adultos canten la misma canción. También sería ideal que los padres, aunque estén separados o divorciados, puedan llegar a cierto punto de armonía cuando intentan ayudar a su hijo a madurar.

La idea de estar de acuerdo en lo que se refiere a la disciplina de los hijos puede parecer elemental, pero la mayoría de las parejas no lo consigue. Esto tal vez resultaría en una gran distracción. ¿Qué puedes hacer si tu cónyuge y tú no están de acuerdo?

Primero, deben dialogar uno con el otro y determinar dónde establecer la disciplina. Sería muy útil no solo establecer la definición de disciplina eficaz, sino también identificar *por qué* han elegido esa posición. En una conferencia reciente sobre "Ser padres", una mujer nos contó que su esposo había anunciado que ella era completamente responsable de la disciplina de su hijo. Ella comentó que esta responsabilidad era demasiado grande para ella. Mi pregunta fue: "¿Por qué? ¿Por qué tu esposo te ha dado toda la responsabilidad a ti?". Tras pensarlo un momento, ella concluyó que quizá era porque él había sido educado por un

> **ALGO DE QUE HABLAR.** EL **64%** DE LOS PADRES CRISTIANOS ADMITE NO ESTAR DE ACUERDO A VECES EN LA DISCIPLINA. NO SE RINDAN. ¡NEGOCIEN Y OREN POR LA UNIDAD!

padre violento y abusivo, y tenía cicatrices emocionales de su infancia que no habían curado aún. Ese fue probablemente un análisis bastante acertado. Siempre hay una razón por la cual las personas actúan o sienten de la manera que lo hacen en relación con la disciplina. Si no identifican el problema, o no entienden lo que está pasando, seguramente es porque no tienen la información suficiente. Así que busquen información y hablen de ello entre ustedes.

Llegar a un acuerdo

Si tú y tu cónyuge no están de acuerdo en la disciplina de su hijo, es hora de llegar a un compromiso. No es el momento de ser inflexible. Encuentren un punto medio en la disciplina, que ambos puedan apoyar. No tiene que ser exactamente en el medio. Si están seguros de que han tomado la mejor posición, prepárense para defenderla y presentar argumentos persuasivos para que el compromiso sea adecuado.

Padres, es extremadamente importante que lleguen a un acuerdo sobre cómo y cuándo disciplinar a su hijo. Cuando eligen *ser padres*, deben ser diligentes para, Paso 1: Cantar la misma canción. Y cuando estén de acuerdo en qué lista de canciones quieren cantar, asegúrense de…

PASO 2: *Seguir los principios básicos de la disciplina.*

"No dejes de disciplinar al joven…".
—Proverbios 23:13, NVI

Sin ira

Probablemente la regla fundamental es nunca disciplinar con ira. Se oyen muchas cosas estos días sobre el maltrato y se quiere evitar cualquier tipo de comportamiento que pueda ser clasificado como tal. La mayoría de las personas piensan en el castigo físico cuando oyen la palabra *maltrato*. En realidad, gritar, chillar, utilizar palabras degradantes, ignorar o descuidar a los hijos son todas ellas formas de maltrato.

¿Cómo evitar este comportamiento inadecuado e ineficaz de los padres? El primer paso crucial es darse cuenta de que existe riesgo de maltrato cuando se administra la disciplina con ira. Ser conscientes de esto y estar atentos ante la posibilidad de enojarse les ayudará a mantener su temperamento a raya.

Y respiren hondo…

Cuando nuestro primer hijo estaba en camino, John y yo asistimos a clases del método Lamaze en nuestro hospital. En esas clases, descubrimos la importancia de respirar limpiamente: inspirar de forma profunda, plena y controlada, y después expirar lento y con control. No estoy segura de los beneficios de esta maniobra, pero sé que tenía un efecto calmante sobre mí (¡algo que me fue muy necesario durante el parto!). La respiración Lamaze me ha sido útil, no solo durante los partos de mis tres hijos, sino a lo largo de los años. De hecho, en más de una ocasión, he respirado profundamente como enseña el método Lamaze antes de administrar disciplina para ser capaz de *responder* al mal comportamiento de mis hijos en lugar de *reaccionar* a él. En realidad, hacer una respiración profunda es algo que recomiendo. El simple y calmante acto de respirar profundamente puede ayudar a los padres a recobrar la compostura y eliminar la reacción airada instantánea. Este tipo de respiración, utilizada por papá y mamá, es como hacer una pausa y contar hasta diez en silencio. Cualquiera de las dos acciones ayuda a fijar el foco de atención y eliminar la ira a la hora de imponer un castigo.

Sin emoción

Aunque por lo general fui capaz de disciplinar a nuestros hijos sin ira, más tarde aprendí que todavía podía mejorar. Aaron, el segundo de nuestros hijos, y yo hemos escrito juntos un libro titulado *Aaron's Way: The Journey of a Strong-Willed Child* [La manera de Aaron: el viaje de un niño obstinado]. Como niño obstinado que se ha convertido en adulto responsable, Aaron confirma que la disciplina aplicada con ira es contraproducente, pero amplía la idea.

La sugerencia de mamá de que la disciplina nunca debería administrarse con ira es muy buena. Pero yo quiero que pienses en una posibilidad más radical... ¿Qué pasaría si se intentara administrar la disciplina sin emoción alguna? Todos sabemos que impartir disciplina estando enojados no es bueno. Sugiero que impartir disciplina desde la simpatía, la frustración, la pena o la conmiseración tampoco es la mejor posibilidad... Eso no indica falta de amor o cuidado; tan solo es distanciarse sanamente al imponer un castigo.

La disciplina emocional parece una trampa en la que caen más a menudo las madres que los padres. Un niño realmente puede provocar nuestras emociones pulsando todos los botones. Este comportamiento hace que nos sintamos atrapados emocionalmente en un rincón y evitemos impartir disciplina la próxima vez. (¡No olviden nunca lo listo que es su hijo!). Piensen en la última vez que tuvieron que impartir disciplina. ¿Lo hicieron sin emoción?

LOS PUNTOS BÁSICOS DE LA DISCIPLINA

- Sin ira.
- Sin emoción.
- Elegir sabiamente las batallas.
- Ganar esas batallas.
- Establecer consecuencias legítimas.

Elegirlas y ganarlas

Esto nos lleva al siguiente punto básico: elegir las batallas sabiamente. Y las que se elijan, hay que ganarlas. Debido a la segunda parte de esta regla básica de la disciplina, es obvio que uno no desea elegir demasiadas batallas. Volvamos a la familia que conocimos en un capítulo anterior. Volvamos al padre y a la niña que estaban en la pizzería. El padre le decía a la niña que permaneciera en su silla después de terminar de comer, porque algunos adultos todavía no habían terminado. Tan pronto como las palabras salieron de sus labios, ella saltó de la silla y se fue al otro lado de la mesa a hablar con los que estaban allí. Él quiso iniciar la batalla de "quédate sentada en tu silla". Pero no la ganó. El acto de irse al otro lado de la mesa se convirtió en algo malo porque se le había pedido específicamente que no lo hiciera.

> EN PROMEDIO, LOS PADRES CRISTIANOS VALORARON COMO MÉTODOS DE DISCIPLINA IGUALMENTE EFECTIVOS LOS *AZOTES*, LAS *REPRIMENDAS VERBALES*, LOS *TIEMPOS MUERTOS* Y *LA ASIGNACIÓN DE TAREAS*. LAS *RECOMPENSAS POR EL BUEN COMPORTAMIENTO* Y LA *SUPRESIÓN DE PRIVILEGIOS* SE CONSIDERARON LOS MÁS VALORADOS.

Que viene el lobo

"Haz esto", le dicen a su hijo. No hay respuesta por su parte, y no hay consecuencias por la suya. "Haz esto", le ordenan. Y nuevamente no hay disposición a obedecer, ni consecuencias por ello. Ustedes están jugando a que viene el lobo. Si eligen pelear una batalla y no administran las consecuencias cuando se desafían sus órdenes, estas no tardarán mucho en ser ignoradas. Lo triste es que esto acabará convirtiéndose en rutina, y sus palabras serán ignoradas en un momento en el que de verdad sea importante ser obedecido, cuando realmente *llegue* el lobo.

Mamá, papá, piensen antes de hablar. No hagan peticiones que no pretendan hacer cumplir. No empiecen tantas batallas que hagan que su hijo no pueda cumplir con todas las instrucciones. No se carguen a sí mismos con el peso de un montón de reglas y castigos que imponer. Si imponen demasiadas reglas, existen más posibilidades de que no se cumplan todas y de que los castigos no sean los adecuados.

Consecuencias legítimas

Para ganar las batallas que elijan pelear, deben establecer consecuencias legítimas. Las consecuencias legítimas son lógicas y se ajustan a la respuesta de los padres al mal comportamiento. Hay muchas formas de disciplina a su alcance. Las que elijan dependerán, en parte, de la naturaleza de su hijo y de su edad. Les digo una vez más que deben conocer a su hijo (y la situación) para determinar cuál es el método de disciplina adecuado. Para algunos niños, los "tiempos muertos" son eficaces. Restringir privilegios es otro método de disciplina que puede modificar el comportamiento. Y, por supuesto, no queremos olvidarnos del siempre controvertido... *azote.*

Detener el castigo

"El que detiene el castigo, a su hijo aborrece; mas el que lo ama, desde temprano lo corrige" (Pr. 13:24).

Cuando nuestros hijos eran pequeños, fuimos a cenar una noche a casa de un amigo mío de la infancia. La pareja también tenía tres hijos y una niñera que vivía con ellos. Los adultos cenamos en el salón, y los seis niños y la niñera en la cocina. Cuando volvíamos a casa en el auto, nuestros hijos hicieron muchas preguntas sobre este nuevo descubrimiento: la niñera.

—¿Por qué tienen una niñera? —preguntó uno.

—Para cuidar de Cameron, el más pequeño —contesté.

—Bueno, pues, no está haciendo muy bien su trabajo. Él no se portó bien durante la cena.

Todos los chicos estuvieron de acuerdo con eso, y otro siguió haciendo preguntas.

—¿Es cara una niñera?

—No estoy segura de cuánto cuesta una niñera —respondí.

—¿No sería más barato que tuvieran una vara?

Me tuve que echar a reír. "¿No sería más barato?". Sí, supongo que sí. Una vara nada más, la fuente de disciplina que le resultaba familiar a nuestros hijos. ¡No necesitábamos una niñera!

Al tiempo que me siento a la computadora a escribir, los programas de niñeras hacen furor en la televisión. Estos programas tienen muchas buenas ideas sobre disciplina, pero fracasan a la hora de revelar toda la verdad sobre el azote. La Palabra de Dios específicamente aprueba dar azotes como forma de disciplina. Y lo mismo hacen muchos expertos.

Los niños son tan diferentes que a veces resulta difícil creer que son todos miembros de la misma familia. A algunos niños los puedes detener simplemente con una mirada severa; otros parecen requerir disciplinas más fuertes e incluso dolorosas para que quede en ellos una impresión vívida.[1]

Hay principios específicos que pueden ayudarles a utilizar la vara como una manera eficaz y apropiada de impartir disciplina con cariño.

1. Un azote es un asunto serio. No hay que utilizarlo indiscriminadamente como castigo o como consecuencia para cualquier delito menor.

2. Un azote debería darse con una vara, no con la mano, para separar al instrumento de disciplina del padre cariñoso que está impartiendo la corrección.

3. Un azote debería ser dado en el trasero del niño donde hay mucho relleno. ·

4. Un azote debería tener la fuerza suficiente para evitar la repetición del comportamiento no deseado. Si no saben cuánta fuerza tienen que emplear, pueden probar la vara en su propio muslo. Eso les dará una indicación de la fuerza que necesitan utilizar.

Cuando era pequeña, mi temperamento era tal que mi madre consideraba que amenazarme con "ir a buscar la regla" era suficiente para disuadirme de seguir portándome mal. Para muchos niños, las amenazas no significan nada, en especial si han sido vanas hasta ese momento.

Muéstrame de lo que eres capaz. ¡Lánzame tu mejor tiro! Estos pensamientos pasan por las mentes de muchos niños desafiantes, aunque son demasiado listos para pronunciar realmente esas palabras. Una disciplina cariñosa y adecuada probablemente dará rápidos resultados. Pero no se desanimen si su disciplina no cambia de inmediato la actitud del niño. Si están seguros de estar impartiendo el castigo adecuado y no se produce un cambio brusco, puede que los estén probando para ver si se trata de un castigo aislado o continuado. Si la disciplina hace que su hijo dude o al menos que se dé cuenta de su mal comportamiento, van en la dirección correcta. ¡Ánimo!

Incómodo

Llega un momento en que la madurez física del hijo hace que ni los tiempos muertos ni los azotes sean opciones legítimas de disciplina. Muchos padres transforman los tiempos muertos en castigos. Es importante pensar en las ramificaciones de cualquier disciplina elegida. Cuando castigan a su hijo, ustedes también se castigan. Y en lo que se refiere a los azotes, es algo degradante dar azotes en el trasero a un niño que ha entrado en la pubertad. Como el tiempo de transición a la edad adulta varía de un niño a otro, recomiendo que deje de dar azotes a la primera indicación de que su hijo se está acercando a la pubertad. Que esta forma de disciplina ya no sea adecuada no significa que desafiar la autoridad de los padres no vaya a tener consecuencias. Sigue siendo necesario que ustedes hagan que su hijo se sienta incómodo. ¿Cómo saber lo que le hace sentir incómodo a su hijo? Deben conocerlo. ¿Qué le gusta y qué le disgusta? ¿En qué ocupa su tiempo libre? ¿Cuáles son los temas candentes que trata de discutir? ¿Cómo gastaría un regalo de dinero si ustedes no le aconsejaran nada? Las respuestas a estas preguntas les ayudarán a definir sus intereses. También les darán una perspectiva de lo que lo motiva.

Si hay más de un hijo en la familia, habrá más de una estrategia eficaz. Un niño muy sensible puede responder a una conversación sincera en la que ustedes expresen su consternación por su mal comportamiento. Otro hijo puede responder mejor ante la restricción de privilegios. Si su hijo es un fanático de los videojuegos, pueden limitarle el tiempo de juego. A nuestro hijo mayor le encantaba la televisión, en especial los deportes. Desenchufar la tele era una disciplina muy eficaz con él.

Las madres saben mejor

Una mujer que conozco, una madre soltera, estudiaba de forma diligente a sus hijas. Las conocía muy bien y sabía lo que les gustaba y lo que no. En un momento dado, su hija pequeña decidió retar las reglas del hogar. Su madre sabía que su hija valoraba mucho el tema de la privacidad. Tras ser advertida y elegir desobedecer, la jovencita llegó un día a casa y se encontró con que la puerta de su habitación había desaparecido; tal como su madre le había advertido que ocurriría si no obedecía. No había hombres en la casa. Solo estaban la madre y las dos hijas. La madre no hizo eso para avergonzar a su hija; quitar la puerta fue una consecuencia que hizo sentir incómoda a la chica. Y no hubo que esperar mucho para que esta jovencita cambiara de comportamiento y consiguiera que su puerta le fuera devuelta. ¿Qué consecuencias legítimas pueden hacer que su hijo se sienta incómodo? Todas estas cosas son elementos básicos de disciplina.

Los que deciden ser padres de forma intencionada eligen: Paso 1: Cantar la misma canción; Paso 2: Seguir los principios básicos; y...

PASO 3: *Pensar a largo plazo.*

> *"Porque yo sé los pensamientos que tengo acerca de vosotros, dice Jehová, pensamientos de paz, y no de mal, para daros el fin que esperáis".*
> —Jeremías 29:11

El versículo anterior nos dice que Dios tiene planes para nosotros. Está pensando a largo plazo. Eso no es siempre fácil para los padres. Lo actual, lo urgente y el aquí y ahora meten tanto ruido que muchas veces los padres no pueden escuchar la tranquila, suave y lejana voz del futuro. Esto puede ser una distracción para conseguir una disciplina amorosa.

"Le dije a Josué que tenía que guardar sus juguetes porque teníamos que irnos para su partido de T-ball y que si no lo hacía, no jugaría esa tarde —me dijo una madre un día—. Tenía tiempo de sobra para hacer el trabajo".

Pasaron las horas, y Josué no guardó sus juguetes como le había pedido su madre. Ella se lo recordó una y otra vez, y el tiempo siguió pasando. Al final ya era momento de irse, y los juguetes seguían tirados por el suelo de la habitación. Ya sabemos que la consecuencia que tendría que afrontar Josué sería quedarse sin su partido aquella tarde, ¿verdad? Esperen y escuchen lo que me contó luego la madre.

"Me di cuenta de que Josué no había hecho lo que le había pedido. Pero sabía que le gustaba jugar y además era la última semana, así que le dije que podía ir al partido y guardar sus juguetes a la vuelta", me explicó ella.

Pobre Josué. Ganó la batalla y no guardó los juguetes antes del partido. Pobre madre. Quedó confundida. Durante un momento, pensó que estaba educando a un jugador de T-ball. Estaba miope. Se olvidó de que su trabajo, su objetivo a largo plazo, era educar a su hijo para que se convirtiera en un joven íntegro que aprendiera a respetar la disciplina. Me puedo imaginar a Josué pensando: *¿Quién quiere ir al partido? Yo no. Algunos chicos no saben ni correr en la dirección adecuada para llegar a las bases. Ella probablemente me dejará ir de todos modos. En realidad es a mamá a la que le gusta el T-ball. No pienso guardar mis juguetes.*

Los padres que deciden aplicar la disciplina con amor harán todo lo que puedan para: Paso 1: Cantar la misma canción; Paso 2: Seguir los principios básicos de la disciplina; Paso 3: Pensar a largo plazo; y...

PASO 4: *Ser constantes.*

> *"Mirad, pues, que hagáis como Jehová vuestro Dios os ha mandado; no os apartéis a diestra ni a siniestra".*
> —Deuteronomio 5:32

Su hijo depende de la constancia de ustedes. Quiere saber que las reglas y las consecuencias que ustedes han establecido son justas y no cambiarán a la menor ocasión. Una disciplina constante y justa fomentará su seguridad. Examinemos la disciplina justa durante un momento. Ese es un concepto que confunde a muchos padres.

La disciplina justa significa que el castigo tiene que ajustarse al delito y puede incluso significar la distinción entre desobediencia y descuido. Tirar el jugo no es un acto de desobediencia; es un descuido infantil. Castigar a un niño porque derramó accidentalmente su jugo de naranja no es lo adecuado. Pero sí puede ser apropiado pedirle con voz calmada que intente ser más cuidadoso o asegurarse de que su vaso no esté demasiado cerca del borde de la mesa, y después hacer que él limpie el jugo.

Cuando le dicen a su hijo que no salga a la carretera, y él decide salirse de la acera para caminar por la carretera, esto es desobediencia. (Y algo muy peligroso). Él ha desafiado su orden y debe sufrir una consecuencia adecuada e incómoda para evitar que vuelva a desobedecer.

Siempre que sea posible, los niños tienen que saber las consecuencias de su desobediencia antes de que esta se produzca. Ellos quieren que ustedes sean constantes y coherentes. Si el niño que sale a la carretera sabe que va a recibir un azote por ello y eso le va a resultar incómodo, existen más posibilidades de que se quede en la acera. En la mayoría de los casos, no es justo anunciar el castigo después de la ofensa. Si el niño se da cuenta *después* de su mala elección de que va a recibir un castigo, se le ha privado de la posibilidad de realizar una buena elección para evitar así el correctivo. Si es la primera vez que el niño sale a la carretera, lo adecuado sería reprenderlo seriamente y decirle que la próxima vez que lo haga recibirá un azote. Y si después el niño elige desobedecer, se debe administrar el castigo.

Asegúrense de que su hijo está prestando atención cuando le hablan de las consecuencias de no obedecer la próxima vez. Para saber si los ha escuchado, pueden hacerle repetir la instrucción y las consecuencias de la desobediencia. Asegurándose de que su hijo entiende la orden y las consecuencias de desobedecerla, dejan la decisión en manos del niño. Si elige desobedecer, elige también aceptar las consecuencias. El niño sabe lo que se espera de él y lo que sucederá si no lo hace. La decisión de obedecer y de no aceptar la disciplina es totalmente suya. Ustedes solo son los que administran las consecuencias de lo que su hijo ha elegido hacer.

Sí y no

"Cuando ustedes digan 'sí', que sea realmente sí; y cuando digan 'no', que sea no…" (Mt. 5:37, NVI).

—Papá, ¿puedo ir a jugar con Juan al parque?
—No.

—Por favor, papá. Solo estaremos fuera una hora porque Juan tiene clase de piano.

—No.

—Hay un tobogán y está genial... es muy alto y tiene muchas curvas.

—Está bien. Regresa en una hora.

¿Qué tiene de malo este diálogo? Que la respuesta del padre fue no... y no solo una vez. Pero esta repetición no detuvo las exigencias del hijo. Él sabía mejor lo que tenía que hacer. Sabía que el no de su padre no significaba realmente no. Significaba: "Tal vez. Dame más información". Significaba: "Estoy cansado. Acabo de llegar del trabajo y no quiero pensar en nada durante unos minutos". Significaba: "Siempre digo no al principio, pero luego suelo cambiar de opinión".

El no de este padre era algo que se podía discutir. Y eso es precisamente lo que hizo el hijo. El padre no fue constante. Si no desean debatir y negociar cada una de las respuestas que dan a su hijo, asegúrense de meditar bien la petición antes de responder a ella.

Un sí radical

He conocido a muchos padres que creen que su deber es decir que no a la mayoría de las peticiones de su hijo. Yo los apoyo y los animo a que respondan sí siempre que sea posible. ¿Qué tal si se toman tiempo para pensar en la petición de su hijo y después responden sí, siempre que puedan? No estoy sugiriendo que le permitan a su hijo hacer cosas peligrosas, destructivas o absurdas. Simplemente, estoy sugiriendo que si empiezan desde hoy mismo a escuchar realmente las peticiones de su hijo, es probable que se den cuenta de que pueden darles el permiso para hacerlas.

Ahí va una idea. Durante las próximas veinticuatro horas, comprométanse a ser miembros del grupo sí radical. Escuchen las peticiones de su hijo, evalúenlas y digan sí siempre que sea posible. Hay una razón lógica para esta estrategia. Decir sí siempre que sea posible da mayor fuerza al no cuando hay que responder que no. Cuando se toman el tiempo para evaluar la petición de su hijo y responder a ella en lugar de reaccionar, su hijo elegirá de forma más discriminada sus peticiones, y ustedes pasarán menos tiempo debatiendo el tema. Si siempre dicen que no al principio, es más probable que su hijo intente discutir y cuestionar sus decisiones. Denle una oportunidad al grupo del sí radical. Puede que valga la pena convertirse en un miembro de por vida.

Cuando se elige *ser padres*, se elige: Paso 1: Cantar la misma canción; Paso 2: Seguir los principios básicos de la disciplina; Paso 3: Pensar a largo plazo; Paso 4: Ser constantes; y finalmente...

PASO 5: *Rechazar las mentiras sobre ser padres.*

"Estas cosas os he hablado para que en mí tengáis paz. En el mundo tendréis aflicción; pero confiad, yo he vencido al mundo".

—Juan 16:33

Cristo ha vencido al mundo, pero el mundo todavía sigue reclamando que se acepten y se crean ciertas mentiras y medias verdades sobre ser padres.

LAS MENTIRAS DEL MUNDO

Su hijo *será* difícil.
Ustedes *experimentarán* la terrible infancia y la turbulenta adolescencia.
Su hijo se *rebelará*.
Todos los adolescentes mienten, beben y practican el sexo.
Todos los niños desobedecen.
Ustedes *NO* están preparados para ser padres.

LAS VERDADES DE LA PALABRA

"De la boca de los niños y de los que maman, fundaste la fortaleza..."
—Salmo 8:2

"...El hijo sabio alegra al padre..."
—Proverbios 10:1

"Mucho se alegrará el padre del justo; y el que engendra sabio se gozará con él".
—Proverbios 23:24

"El hombre que ama la sabiduría alegra a su padre..."
—Proverbios 29:3

"Se levantan sus hijos y la llaman bienaventurada..."
—Proverbios 31:28

Las mentiras del mundo distraen la disciplina impartida con amor. Los padres que eligen disciplinar con amor no aceptan pasivamente las mentiras del mundo como verdades, sino que se familiarizan con la Palabra de Dios. Esto es tan sencillo como tomarse una dosis diaria de Proverbios.

Un proverbio al día

El libro de Proverbios del Antiguo Testamento está compuesto de treinta y un capítulos. La mayoría de los meses del año tienen treinta y un días. (¿Ven por donde voy?). El primer día del mes, el capítulo que hay que leer es Proverbios 1. El segundo día del mes, Proverbios 2. Es fácil de recordar la dosis diaria. No se preocupen si no la toman un día. Sigan el tratamiento de un proverbio al día durante los próximos cinco o seis meses, y leerán cada capítulo muchas veces. Para complementar la dosis diaria, sugiero que tengan a

> **¿QUÉ OPINIÓN IMPORTA MÁS?** LAS MADRES Y LOS PADRES CRISTIANOS ADMITEN QUE SUS HABILIDADES COMO PADRES ESTÁN MÁS INFLUENCIADAS POR *SUS* MADRES QUE POR LA BIBLIA.

mano lápiz y papel mientras leen, para que puedan hacer un diario. Anoten los versículos del día que hacen referencia a ser padres. Les sorprenderán los descubrimientos, y su diario estará repleto de la verdad —toda la verdad y nada más que la verdad— de la Palabra de Dios.

PASOS PRÁCTICOS:

PASO 1: Cantar la misma canción.

PASO 2: Seguir los principios básicos de la disciplina.

PASO 3: Pensar a largo plazo.

PASO 4: Ser constantes.

PASO 5: Rechazar las mentiras sobre ser padres.

Unas acertadas palabras de John, el padre.

¿Listo para escuchar una historia triste?

Y Jehová dijo a Samuel: He aquí haré yo una cosa en Israel, que a quien la oyere, le retiñirán ambos oídos. Aquel día yo cumpliré contra Elí todas las cosas que he dicho sobre su casa, desde el principio hasta el fin. Y le mostraré que yo juzgaré su casa para siempre, por la iniquidad que él sabe; porque sus hijos han blasfemado a Dios, y él no los ha estorbado

—1 Samuel 3:11-13

Elí sabía que sus hijos estaban tomando decisiones poco acertadas, pero "no los había estorbado". Dios también conocía esas malas decisiones. En respuesta a la falta de disciplina de

Elí para con sus hijos, Dios no dijo: "Bueno, está bien, Elí; los chicos son así". Dios no dijo: "Está bien, Elí, todos los adolescentes pasan por épocas de rebeldía". Dios no dijo: "No te preocupes por cómo se comportan tus hijos; estás ocupado con el trabajo". Dios no dijo: "Hiciste lo que pudiste, Elí. Eso es suficiente". No, Dios dijo: "Elí, sabías que tus hijos blasfemaban y no los estorbaste".

La responsabilidad de ustedes es ser padres, y gran parte de esto significa impedir que su hijo haga ciertas cosas y disciplinarlo: en un acuerdo, siguiendo los principios básicos, pensando a largo plazo y rechazando las mentiras del mundo. Ningún padre desea oír las palabras que Elí escuchó de Dios.

Vivimos en un tiempo en el que muchas cosas minan la confianza en nosotros mismos como padres y nos disuaden de intentar aplicar la verdad bíblica. Es difícil ser padres cuando un profesional nos dice, en contra de lo que dicen las Escrituras, que dar un azote como muestra de disciplina impartida con amor puede hacer que nuestros hijos acaben pegando a otros. Es difícil disciplinar de manera eficaz cuando nuestros hijos nos amenazan con llamar al 911 si se los castiga. Es difícil ser padres cuando la televisión nos da la impresión de que el niño debería tener el control, y tú y tu cónyuge no se ponen de acuerdo en cómo actuar.

Es difícil, pero no hay excusas. Su responsabilidad es buscar la verdad y después con confianza disciplinar a su hijo con amor.

Permitir el éxito y el fracaso

Recuerdo cuando nuestro hijo mayor celebró sus once años, y su abuela le regaló un nuevo y reluciente billete de veinte dólares. Era un regalo que podía gastar en lo que quisiera, por eso lo llevé al centro comercial para que cambiara el billete por algo significativo. Gastar ese dinero era nuestro único objetivo, así que el destino fue la tienda de juguetes. Cuando llegamos se fue directamente a la sección de electrónica y se concentró en el estudio de diferentes juegos. Miraba los gráficos de cada caja y leía cada palabra de las descripciones, contemplando las distintas opciones. Contrario a hoy día, en ese entonces, con veinte dólares se podía comprar un juego de computadora o un dispositivo electrónico portátil. Matthew quería asegurarse de que compraba el mejor de todos. Estudió metódicamente cada juguete que entraba dentro del precio y, finalmente, tras pensarlo mucho, se decidió por uno en concreto.

Con su elección en la mano, se dirigió a la caja. Había dos o tres clientes delante de él en la fila, así que Matthew tenía que esperar un poco más para disfrutar de su regalo. Mientras estaba allí parado, los artículos de compra impulsiva que había en la zona cercana a la caja captaron su atención. Matthew tomó uno o dos y echó un rápido vistazo a lo escrito en la parte posterior de las cajas. Cuando le tocó el turno, me sorprendió oírlo decir: "He cambiado de idea. Quiero este otro".

Me mostró la alternativa, el reluciente artículo de compra impulsiva elegido sin pensar. "¿Estás seguro?", le pregunté. Él dijo que sí con la cabeza y no añadió nada más.

Matthew pagó su nuevo juguete, y nos dirigimos hacia el estacionamiento. Misión cumplida. O al menos eso pensé yo. Él en seguida rompió la caja y empezó a juguetear con su nueva adquisición. Nos pusimos el cinturón, y arranqué el auto. Literalmente antes de salir del estacionamiento del centro comercial Tippecanoe en Lafayette, Indiana, él se acercó al asiento delantero y me dio su nuevo juguete. "Toma esto, mamá, y tíralo. Es una porquería, y solo mirarlo me hace sentir mal". Todavía hoy me parece estar escuchando esas palabras.

Sentirse mal

Él no fue el único en sentirse mal aquel día. Tras oír la decepción en su voz, no estoy segura cuál de los dos se sentía peor. Tomé el juguete y lo aparté a un lado. "Está bien, Matthew —le dije—. Seguramente la abuela te volverá a dar veinte dólares el año que viene".

Eso fue lo que dije. Pero no es lo que *quería* decir. Lo que quería decir era: "Aquí tienes veinte dólares. Volvamos a la tienda, y cómprate otra cosa. Pero esta vez trata de elegir mejor". No quería que se sintiese tan mal. Quería rescatarlo de esa poco acertada elección que acababa de hacer. Lo cierto es que yo no tenía veinte dólares de más para darle. Y ahora que ha pasado el tiempo, me alegro de no haberlos tenido. Gracias a Dios, no lo rescaté. Este es el primer paso y, a menudo, el más difícil.

PASO 1: *Resistirse a acudir al rescate.*

> *"Jehová, tardo para la ira y grande en misericordia,*
> *que perdona la iniquidad y la rebelión, aunque de*
> *ningún modo tendrá por inocente al culpable…".*
> —Números 14:18

La vida está llena de consecuencias por las decisiones que tomamos. Las buenas consecuencias se producen tras las buenas decisiones, y las malas consecuencias, tras las malas decisiones. El versículo citado habla específicamente sobre las consecuencias del pecado. Como padres, es importante que permitamos que nuestros hijos experimenten las consecuencias de las decisiones poco acertadas. Debemos resistirnos a acudir a su rescate.

> **EL 66%** DE LOS PADRES CRISTIANOS ADMITE QUE PROTEGEN A SUS HIJOS DE LOS FRACASOS.

Sin comida

La mayoría de los padres han ido hasta el colegio para llevarle a su hijo el desayuno o el instrumento musical que se les había olvidado. ¿Es eso un rescate? En cierto sentido sí, pero la clave es (1) hacerles comprender que ellos son los responsables de recordar esas cosas, y (2) que esa "ayuda" no se va a repetir de continuo. Es importante evitar ser padres obsesivos o irracionales. Resístanse a acudir al rescate de su hijo.

No haga como una madre que conocí. Al parecer, su hijo era incapaz de acordarse de llevar la comida a la escuela. Se le olvidaba el lunes, el martes, el miércoles, el jueves y el viernes. Resulta difícil de creer, ¿verdad? Pero no importaba, porque la madre de Joel le traía la comida que él se olvidaba en casa un día tras otro. Esto es todavía más sorprendente si se tiene en cuenta que la madre tenía que conducir más de cincuenta kilómetros para ir de su trabajo al colegio a llevar la comida. Está claro que Joel no aprendió ni cambió su comportamiento, porque su madre estaba siempre allí para rescatarlo. Joel no se responsabilizó de acordarse de llevar su comida, y tampoco su madre lo animó a hacerlo.

Las personas jóvenes como Joel, que son rescatados una y otra vez, no solo se convierten en personas dependientes, sino que además no disfrutan de sus buenas elecciones. Adelantémonos unos cuantos años. Cuando Joel era un poco más mayor ganó un concurso de relatos de ficción. En lugar de disfrutar de su éxito, él se imaginó que su madre conocía al juez y que de alguna manera había influido en que ganara el premio. Joel había perdido su sentido de la responsabilidad *y* además le habían robado la libertad para disfrutar del éxito. Es una espada de doble filo que nos lleva al siguiente paso a dar para ser padres de forma intencionada. Paso 1: Resistirse a acudir al rescate; y...

PASO 2: *Dar libertad para triunfar.*

> *"...elijan ustedes mismos a quiénes van a servir...".*
> —Josué 24:15, NVI

Hay otra parte de Josué 24:15 que se cita más a menudo. Se suele ver en placas, y muchos han memorizado las palabras. "Pero yo y mi casa serviremos a Jehová". Por supuesto, estas son poderosas palabras de ánimo, pero a mí personalmente me parecen más alentadoras las primeras palabras del versículo, las citadas al principio. Las tres primeras palabras tienen un gran poder. "Elijan ustedes mismos". Si ustedes eligen *ser padres*, permitirán que su hijo tenga victorias y fracasos.

Nada que ponerme

Mucho después del fracaso de la compra de los veinte dólares, mi hijo Matthew consiguió su primer trabajo *real* de verano. Durante años había ayudado en la granja, pero este año en particular, había sido entrevistado en una oficina de contabilidad, y lo habían contratado. Unos dos días antes de empezar a trabajar, se percató de que su actual guardarropa no era el adecuado para un trabajo de oficina. Yo estuve de acuerdo y lo envié al centro comercial con mi tarjeta de crédito. No estoy muy segura de cuándo la realidad penetró en mi mente, pero en un momento dado me di cuenta de lo que había hecho. Mi hijo estaba en el centro comercial con mi tarjeta de crédito y sin ninguna instrucción previa sobre qué debía comprarse o cuánto podía gastar. Cuando me recobré de mi horror, decidí esperar sin más y ver qué ocurría. Unas dos horas más tarde, mi hijo regresó a casa con unas cuantas bolsas. Cuando me senté y me preparé para presenciar el pase de modelos, él abrió la primera bolsa. Sacó un par de pantalones azul marino y me fue contando: "Estos me costaron cinco dólares. Son una talla más grande, pero puedo ponerme un cinturón". (Y la verdad, le quedaban muy bien). Con estas palabras, yo me relajé considerablemente, y para cuando el último artículo salió de la bolsa, había calculado que Matthew había gastado unos sesenta dólares. No estaba mal, nada mal.

Creo que la habilidad de Matthew para comprarse ropa de oficina para el trabajo de verano y no gastar más de sesenta dólares se debía a que no había sido rescatado hacía muchos años cuando se gastó el dinero de su cumpleaños a la ligera. Estaba cosechando el beneficio de las consecuencias negativas…, y yo también, ya que era la que pagaba la tarjeta de crédito.

No resulta fácil como padres seguir los primeros pasos prácticos de resistirse a la necesidad de salir al rescate y dejar libres a nuestros hijos para que triunfen, pero son pasos necesarios para que ellos se conviertan en adultos responsables que confían en sí mismos. Las elecciones en los ejemplos anteriores —gastar el dinero del cumpleaños, recordar o no llevar la comida al colegio, y comprar ropa para la oficina— son todas elecciones que estos chicos fueron capaces de hacer. Tenían la madurez adecuada para ello.

Y ese es el siguiente paso. Paso 1: Resistirse a acudir al rescate; Paso 2: Dar libertad para triunfar; y…

PASO 3: *Fomentar las elecciones adecuadas según el grado de madurez.*

> *"Y Jesús crecía en sabiduría y en estatura, y en gracia para con Dios y los hombres".*
> —Lucas 2:52

Al igual que su hijo, Jesús también fue un bebé. Y afortunadamente al igual que Jesús, su hijo crecerá y madurará como dice el versículo anterior. A medida que crece y madura, se producen cambios en el tipo de elecciones que su hijo puede hacer.

Ustedes empiezan la labor de ser padres con exigencias continuas. Su tarea es tomar todas las decisiones por este pequeño paquete de felicidad que les ponen en el regazo. Ustedes son más que *necesarios*, son de *vital* importancia para la supervivencia del bebé. Él o ella es incapaz de tomar alguna decisión. No puede triunfar ni fracasar... todavía.

> **POR EL BUEN CAMINO.** MIENTRAS QUE EL **69%** DE LOS PADRES CRISTIANOS DICEN QUE LA TELEVISIÓN INFLUYE *ALGO* EN LOS VALORES DE SUS HIJOS, SOLO EL **19%** DICE QUE LA TELEVISIÓN TIENE *MUCHA* INFLUENCIA EN SUS VALORES.

Después de algún tiempo, el bebé dependiente crece y madura. Va desarrollando su personalidad y desea tomar decisiones. "¿Quieres cereales? ¿Quieres un jugo?". Estas son elecciones simples, pero son elecciones. Y esto es solo el comienzo. Pasado algún tiempo, su hijo elegirá su color favorito y con quién sentarse en la escuela dominical. Al final, decidirá qué ponerse, a qué jugar y los videos o programas de televisión que ve... dentro de lo razonable, claro está. Puede que tenga algo que decir en ciertas áreas, pero sin llegar a tomar la decisión final. Ustedes decidirán cuáles son las elecciones adecuadas y cuándo puede tener la última palabra.

Cuando mi hijo mayor, Matthew, estaba en quinto o sexto, yo estaba decidida a ayudarle a que trabara amistad con cierto niño de su edad. ¿Por qué? Porque me gustaba la madre del otro niño. Sabía que si los dos niños se hacían amigos, yo tendría más oportunidades de estar con *mi* amiga. Con gran entusiasmo, le sugería una y otra vez cosas que podía hacer con el otro niño. Mi hijo siempre parecía dudar, pero me las arreglaba para ignorar sus reticencias. Al final, tras demasiadas sugerencias, Matthew simplemente dijo: "Mamá, ¡más vale que yo *no* sea amigo suyo!". Eso fue todo. No dijo más. Es obvio que él sabía algo que yo no sabía. Dejé de forzar la relación entre los dos niños y simplemente disfruté de las ocasiones en las que podía relacionarme con la otra madre. Algún tiempo después, entendí las palabras de mi hijo. Él tenía toda la razón. Tomó una decisión adecuada para su edad, y fue una buena decisión; una decisión mejor que la que habría tomado su madre.

La lista

Me gustaría poderles ofrecer una amplia lista de cuándo y qué deberían dejar que eligiera su hijo. No puedo hacerlo. Lo que puedo hacer es animarlos a tomar esas decisiones basándose en principios bíblicos absolutos y en sus preferencias como padres. No dejen que su hijo los presione, los haga sentirse culpables o los avergüence para que le permitan tomar decisiones para las que todavía no tiene la madurez adecuada. Y no importa lo que hagan los demás.

Si permiten que haga una elección y después se dan cuenta de que su hijo no es capaz de tomar una buena decisión en esta área, no se desanimen. Simplemente, retiren el privilegio hasta que su hijo tenga la madurez adecuada. Entonces inténtenlo de nuevo. Por ejemplo, ustedes permiten que su hijo juegue en una parte del patio no vallada con la instrucción de no salirse del límite. Más tarde descubren que se fue hasta la casa de al lado. Retiren el privilegio y limiten el área de juego del niño a la parte vallada del patio. Cuando decidan que su hijo está listo para intentarlo de nuevo, denle la oportunidad.

Los niños de su familia no alcanzarán el mismo grado de madurez al mismo tiempo y ni siquiera a la misma edad. Sean conscientes de ello. Deben probar que son capaces de manejar las elecciones que se les permita hacer; y manejarlas tomando buenas decisiones.

Mi elección

Ustedes pueden tomar muchas decisiones por su hijo, pero, por favor, no tomen todas y cada una de ellas. Los niños aprenden haciendo, y si ustedes los controlan constantemente, están reprimiendo su aprendizaje y dañando la relación que tienen con ellos. Uno de los riesgos que corremos como padres es no darnos cuenta de que nuestros hijos cambian continuamente. Ganan madurez y experiencia, y nosotros debemos ajustarnos a ello. Es fácil tratar a un niño como si fuera menos maduro de lo que es realmente. Quizá como padres, no estemos listos para la independencia que adquieren nuestros hijos. Disfrutamos de su dependencia y no modificamos nuestro comportamiento para ajustarnos a los cambios que se han producido. Recuerden que su hijo está madurando física, mental, social y emocionalmente, y eso es bueno.

En una ocasión en concreto, John me advirtió que me parara y meditara mi forma de tratar a uno de nuestros hijos. No lo estaba animando a tomar decisiones adecuadas para su madurez. No había sido capaz de responder al nivel de madurez que él había alcanzado. Cuando me di cuenta de mi comportamiento inadecuado, lo cambié, y sorprendentemente nuestro hijo respondió y volvió a ser el encantador niño que siempre había sido.

Mamá, papá, háganse estas preguntas: ¿He estado animando a mi hijo a tomar decisiones adecuadas a su grado de madurez? ¿O no he sido capaz de darme cuenta y ajustarme a los cambios físicos, emocionales, mentales y sociales que se han producido en su vida? Tras una honesta evaluación, comparen notas entre ambos y ofrézcanse consejo mutuo. ¿Están ambos permitiendo que se realicen elecciones sanas? Si no es así, ¿por qué no? ¿Y por qué no empezar hoy mismo? Recuerden, Paso 1: Resistirse a acudir al rescate; Paso 2: Dar libertad para triunfar; Paso 3: Fomentar las elecciones adecuadas según el grado de madurez; y...

PASO 4: *Ampliar los límites continuamente.*

"Cuando yo era niño, hablaba como niño, pensaba como niño, juzgaba como niño; mas cuando ya fui hombre, dejé lo que era de niño".
—1 Corintios 13:11

Ser padres. ¿Existe otro trabajo (sin exagerar con "trabajo") donde se considere que el éxito es que no seas ya necesario? Como madre de tres hijos ya adultos, tomo muy pocas decisiones por ellos. Están en esa edad y etapa en la que toman la mayor parte de sus decisiones de forma independiente, al menos independiente de mí. Mi papel ahora es el de consultora. Cuando uno de mis hijos cree que yo *podría* tener alguna buena idea o algún conocimiento específico en un área en particular, me pide ayuda o me pide mi opinión. Ya no ofrezco un montón de consejos que no se me piden. (Está bien, sí, en alguna ocasión ofrezco algunas ideas, pero intento ser consciente de si han sido solicitadas o no). Nuestros hijos adultos son independientes. Esta independencia fue uno de los objetivos que John y yo establecimos tras su nacimiento. La mayoría de los padres desean que sus hijos sean capaces de convertirse en adultos maduros y responsables, y estén dispuestos a ello. Por mucho que disfrutara siendo "mamá", recuerdo el día en que me di cuenta que "madre" ya no era la palabra que describía mi trabajo, sino un término afectivo. Y la transición fue justo así: una transición, una evolución, un cambio gradual.

Adultos al instante

Muchos padres hoy día creen que ocurre algo mágico cuando los chicos cumplen los dieciocho. Lo cierto es que si su hijo no toma buenas decisiones a los tres, o a los nueve o a los catorce, no se producirá ningún tipo de magia a los dieciocho. La madurez es un proceso. Y parte del proceso consiste en que ustedes estén dispuestos a ampliar de forma gradual y continuada el ámbito de decisiones de su hijo. Si se hace esto desde una edad temprana, ustedes estarán allí para controlar el progreso y ofrecer consejo a medida que el territorio se vaya ampliando. Ustedes estarán allí para animar y enseñar. Si el mundo de un bebé son los brazos de sus padres y su cuna, el mundo de un niño que comienza a caminar es la casa. Un niño un poco más mayor jugará en el patio vallado sin necesidad de ser supervisado continuamente. Y a medida que va madurando, el mundo se amplía para incluir el vecindario. El permiso de conducir da una gran libertad y amplía mucho el territorio de un joven. Por último, su hijo probablemente se irá de casa y creará sus propios límites. Ustedes ya no serán los que determinen los límites. Pero está bien, porque cuando se actúa intencionadamente como padres, el tipo de padres que permiten fallos y éxitos, entrenamos a los hijos para esta responsabilidad y nos preparamos para cuando se separen de nosotros.

Si usan la estrategia de permitir el éxito y el fracaso, tendrán que: Paso 1: Resistirse a acudir al rescate; Paso 2: Dar libertad de forma gradual; Paso 3: Fomentar las elecciones adecuadas según el grado de madurez; Paso 4: Ampliar los límites continuamente; y...

PASO 5: *Eliminar las votaciones.*

> *"Oirá el sabio, y aumentará el saber, y el entendido adquirirá consejo".*
> —Proverbios 1:5

Es importante escuchar a los miembros de su familia y tratarlos a todos con respeto. De hecho, si ustedes escuchan y respetan, lo normal es que su hijo también los escuche y los respete a ustedes. Un error que se comete en nombre del respeto es dar igualdad de voto a todos los miembros de la familia. "¿Dónde vamos de vacaciones? Uno, dos, tres votos para el crucero que no nos podemos permitir. Y sí, cariño, yo voto contigo. Dos votos por ir de acampada al lago. Bueno, supongo que los niños ganaron la votación". ¡Caramba! Hay que buscar la opinión de todos los miembros de la familia, pero no se deberían hacer votaciones.

No a la democracia

Entonces, ¿cómo es eso de solicitar opiniones, pero no hacer votaciones? Tomemos el ejemplo de las vacaciones familiares. Supongo que su hijo estará tan interesado en ellas como lo estaban los míos en su momento. Siempre es divertido descubrir la definición de vacaciones perfectas para un niño. ¿Han planteado alguna vez esa pregunta? No sugiero que insinúen que su propuesta determinará el próximo viaje de vacaciones; los estoy animando a escuchar la información de valor que ofrece su hijo sobre lo que le gusta y no le gusta, con lo que sueña. Cuando mis hijos eran pequeños, y hablábamos de posibles vacaciones, yo no sugería en ningún momento que estábamos votando el lugar de destino. Primero, John y yo decidíamos el lugar y el presupuesto. Después yo le contaba a los chicos las cosas que sabíamos sobre el lugar: si había un parque acuático cerca, si se podía pescar o nadar, o si había playa donde jugar, y cuáles serían las atracciones que encontraríamos de camino a nuestro destino. Con esta información, les preguntaba a los chicos qué les parecía más divertido de todo aquello. Normalmente, hacíamos esto en familia porque después podíamos hacer los planes o ampliarlos basándonos en las ideas de todos.

Hay muchas cosas que se pueden conseguir solicitando las ideas de nuestros hijos. En primer lugar, ellos se dan cuenta de que sus ideas nos interesan. He aprendido mucho sobre mis hijos escuchando sus pensamientos y opiniones. Además, su hijo se dará cuenta de que cuanto más realistas sean sus sugerencias, más probabilidades hay de que se lleven a cabo. Además, me resultaba muy entretenido ver cómo a veces las sugerencias de un hermano se convertían en "lo mejor de todo" para otro hermano. En nuestra familia, combinábamos lo educativo con la aventura, y lo elegante con lo poco convencional. También nos las arreglábamos para asistir a los cultos de otras iglesias cuando estábamos fuera de casa los domingos.

Mamá, papá, siéntanse libres —mejor aún, animados— para pedir el parecer de su hijo. Pero eviten la tentación de permitir que eso se convierta en una votación igualitaria.

PASOS PRÁCTICOS:

PASO 1:   Resistirse a acudir al rescate.

PASO 2:   Dar libertad de forma gradual.

PASO 3:   Fomentar las elecciones adecuadas según el grado
de madurez.

PASO 4:   Ampliar los límites continuamente.

PASO 5:   Eliminar las votaciones.

Unas acertadas palabras de John, el padre

Hace poco estaba sentado en un banco en el parque y observaba la forma en que los padres y los hijos se comportaban entre sí. Las instalaciones del parque están hechas de tal manera que resulta casi imposible que los niños se hagan daño. A pesar de esas medidas de seguridad, parecía que los adultos eran incapaces de dejar que sus hijos exploraran y jugaran solos. Los padres siempre estaban rondando muy cerca de sus hijos.

Una madre supervisaba cada movimiento de su pequeño que estaba en un tobogán normal y corriente, muy corto y aburrido. Otro padre permanecía de pie al lado de su hijo, mientras este estaba sentado jugando con las barras verticales de un puente que unían el tobogán y las escaleras de subida. Literalmente llevaba a su hijo de la mano en cada una de las barras. ¿Creía que no era capaz de saber dónde tenía que poner la mano en cada movimiento? ¿Importaba eso? El niño estaba sentado en el puente. Puede que el padre pensara que de alguna manera su hijo podía contorsionar su cuerpo, meterse entre las barras y organizar un desastre. ¿Dónde estaba la libertad de

*explorar y utilizar la imaginación de esos niños? ¿Qué libertad
tenían para hacer las cosas bien o mal?*

*Pueden pensar que este ejemplo del parque es muy trivial,
pero me pregunto si no será una especie de microcosmos de la
vida. El niño al que se le está impidiendo experimentar el éxito
o el fracaso en el parque puede convertirse en un niño rescatado
y protegido más allá de lo que es sano y razonable. Estos niños
del parque habrían aprendido más sobre sí mismos, habrían
explorado más y se habrían divertido más si los padres hubieran
estado cerca, pero no prácticamente encima de ellos.*

*Pero, John, ¿qué pasa con la seguridad? ¿Existen garantías
de que un niño no se haga un rasguño en la rodilla o se haga
daño en el labio si se le permite ser más independiente? No,
no existen garantías. Pero la elección de permitir que los hijos
experimenten el fracaso y el éxito merece el riesgo de una posible
herida en la rodilla o un poco de sangre en el labio. Mamá,
papá, se puede poner un poco de alcohol, o un apósito autoadhe-
sivo o lavar ese labio. Dar una libertad maravillosa y adecuada
a un niño no tiene precio. Su hijo aprenderá qué hacer y qué no
hacer. Aprenderá lo maravilloso que es deslizarse por un tobogán
y los peligros de las barras verticales de un puente. Sin duda,
vencerá algunos miedos y celebrará sus victorias.*

*¿Cómo consiguen sabiduría nuestros hijos? Crecen,
maduran y se desarrollan como resultado de sus éxitos y fracasos.
Cuando fracasan, los levantamos, les quitamos el polvo y les
hacemos comprender lo que hicieron mal. Cuando tienen éxito,
nos alegramos con ellos y disfrutamos de su alegría.*

Orar

Ha habido momentos en mi vida en los que un concepto, una expresión o una frase de un mensaje hablado se me han quedado grabados en la memoria. Una de esas veces fue en una conferencia en una iglesia hace varios años. El pastor que conducía el culto matinal empezó diciendo: "Quiero presentarles el esquema de mi mensaje antes de comenzar. Mi punto de partida es Jesús. Mi siguiente punto es Jesús. Y el punto final es Jesús". Jesús, Jesús, Jesús. *Él* era la espina dorsal, el esquema de un sermón de tres puntos. El pastor Jack Kaley había definido con claridad su camino y, como mi madre solía decir, "ponía el acento en la sílaba adecuada". Estaba preparado para resaltar lo que era realmente importante.

Dicho esto, al llegar a la estrategia final para ser padres de forma intencionada, permítanme compartir con ustedes los últimos cinco pasos prácticos para dar. Sí, eso es. Vamos a echar un vistazo a los cinco desde el principio. Paso 1: Orar; Paso 2: Orar; Paso 3: Orar; Paso 4: Orar; Paso 5: (adivinen…) Orar. ¿Es redundante? Sí. ¿Pone el acento en la sílaba adecuada? Esa es la idea.

PASO 1: *Orar.*

> *"Porque ¿qué nación grande hay que tenga dioses tan cercanos a ellos como lo está Jehová nuestro Dios en todo cuanto le pedimos?".*
>
> —Deuteronomio 4:7

Orar pronto

Mi amiga y yo estábamos sentadas en la parte delantera de la iglesia después del culto. Había sido una semana dura para esta amiga. Se acababa de separar de un marido maltratador. Tenía problemas emocionales y económicos, y de cualquier otra categoría que uno pueda nombrar. Mientras iba relatando todas las cosas que le habían sucedido aquellos días, lloramos juntas. Mi mente trabajaba a toda prisa intentando encontrar una solución o al menos una sugerencia a los miles de problemas que ella había enumerado. Sentada allí en silencio no me venía nada a la mente. Ella vio mi cara de preocupación y, de alguna manera, supo que estaba intentando buscar una respuesta práctica a su dilema. Ella también sabía que no había una solución lógica, no había una manera rápida de arreglar las cosas. "Supongo que lo único que podemos hacer es orar", dijo entre lágrimas.

Cuando pronunció aquellas palabras, nos miramos una a otra y nos echamos a reír a la vez. ¿*Lo único* que podíamos hacer era orar? ¿Acababa de salir aquello de su boca? ¿Había estado yo de acuerdo, por un momento, en que orar era sin duda nuestro último recurso? Nuestra falta temporal de fe, y darnos cuenta de que la oración había sido relegada a la respuesta final, fue sorprendente. Pero esa sorpresa me abrió los ojos. Orar debe ser el *primer* recurso. Oren pronto. Paso 1: Orar; y después asegúrense de…

PASO 2: *Orar.*

> *"Orad sin cesar".*
> —1 Tesalonicenses 5:17

Orar a menudo

Varias veces en mi vida, he tenido problemas para dormir. La primera vez que me sucedió fue estando embarazada de seis meses de mi primer hijo. Hay pocas formas de colocarse para descansar bien cuando se tiene el volumen que yo tenía en aquel momento. Me quedaba dormida, pero no podía permanecer dormida. Así que después que nació Matthew, deseaba tener una noche completa de sueño. (Ya saben por dónde voy, ¿verdad?). Ni Matthew, ni su hermano Aaron, ni su hermano Jonathan dormían toda la noche de un tirón cuando eran bebés. La pesadilla de mi sueño interrumpido continuó hasta que mi hijo pequeño tuvo más de un año. Para cuando esto sucedió, ya tenía dos niños en el colegio.

Después disfruté de un sueño más tranquilo (si no contamos los ratos en los que los niños se enfermaban de noche). Quizás estén disfrutando de ocho horas de sueño sin interrupción cada noche e imaginando que esto va a durar eternamente. Piensan que han llegado a la luz que hay al final del túnel. Odio ser la portadora de malas noticias, pero... ¡no cuenten con ello! Es posible que la luz que están viendo sea la de los faros delanteros del auto de su hijo adolescente.

Fiestas, grupos de jóvenes, vida social, partidos, permisos de conducir... ¿es necesario añadir más? Y cuando esta época de la vida se termina, uno se encuentra despertándose en medio de la noche "porque sí".

Hace poco una noche, a eso de las 2:07, estaba completamente despierta, porque sí, y me preguntaba cuánto tardaría en volverme a quedar dormida. A las 3:11 seguía despierta, así que en medio de mi frustración, se me ocurrió un plan. Si no iba a estar profundamente dormida, por lo menos podía sentirme cómoda pensando que estaba en *actitud* de dormir. Estaba en posición horizontal en mi cama, mis ojos y mis labios estaban cerrados, y mi almohada estaba perfectamente mullida. Puede que no estuviera dormida, pero estaba en actitud de dormir.

Tal vez hayan escuchado algo similar en otro lugar. "Por favor, pónganse en actitud de oración", dice el pastor. La mayoría de nosotros sabemos lo que eso significa. Cerrar los ojos, juntar las manos y bajar la cabeza. Esa es la actitud de oración... ¿verdad?

La cuestión que quiero plantear es si una actitud de oración indica que se está orando realmente. No, al igual que una actitud de dormir no significa que realmente se esté dormido. La oración no se basa en la postura. La oración es comunicación con el Padre celestial.

La libertad de elegir la postura que más nos guste es lo que hace posible que obedezcamos la instrucción del Señor de "orar sin cesar" (1 Ts. 5:17). No es necesario que inclinemos la cabeza, cerremos los ojos y juntemos las manos. Podemos ser conscientes de Dios todo el tiempo, sin cesar. ¿Se dan cuenta de cómo la oración continuada podría transformar sus palabras, sus acciones, sus decisiones, sus pensamientos? Si Cristo está en su mente todo el tiempo, influirá sin duda en cada una de las palabras, acciones, decisiones y pensamientos. Ese es el deseo del Señor. Oren a menudo.

Recapitulemos. Paso 1: Orar; Paso 2: Orar; y ahora vamos al Paso 3...

PASO 3: *Orar.*

> *"Así que, lejos sea de mí que peque yo contra Jehová cesando de rogar por vosotros...".*
> —1 Samuel 12:23

Orar por uno mismo

Ni es arrogante ni carece de importancia orar por uno mismo. Dios nos anima a hacerlo. "Y si alguno de vosotros tiene falta de sabiduría, pídala a Dios, el cual da a todos abundantemente y sin reproche, y le será dada" (Stg. 1:5). Mamá, papá ¿necesitan sabiduría para ser padres? Sin duda la respuesta es sí. Dios quiere que se la pidan a Él.

¿Por qué dudamos en pedir a Dios? Quizá porque no queremos saber lo que tiene que decirnos. Si le pido a Dios sabiduría, y Él me revela algo aparentemente desagradable que *yo* debo hacer, algo en lo que debo cambiar *mi* comportamiento o actitud de alguna manera, no estoy segura de querer escucharlo. Dios, sin duda, revela su sabiduría a aquellos que se lo piden, pero el cambio de comportamiento es elección nuestra.

Otra razón por la que no pedimos a Dios sabiduría es porque "lo intentamos una vez, y no funcionó". ¿Eh? Hay algo raro en esto. Si algo que Dios prometió parece no funcionar, el problema no es Dios. Quizá no sea el momento adecuado. Vivimos en un mundo en el que *al instante* no siempre es lo suficientemente rápido. Nuestros mensajes son instantáneos. Los copos de avena son instantáneos. Podemos revisar las fotos de nuestra cámara digital al instante. Si podemos disfrutar rápido y sin problemas de todas las cosas, ¿por qué no nos proporciona Dios sabiduría igual de rápido? Pienso que es porque Él nos da sabiduría cuando es mejor para nosotros. Me encanta la analogía que hace Corrie ten Boom, una chica que acostumbraba a viajar en tren con su padre.

> Papá se sentó en el borde de la cama.
> —Corrie —empezó a decir suavemente—, cuando tú y yo vamos a Ámsterdam, ¿cuándo te doy el boleto?
> Yo gimoteé mientras pensaba un momento en ello.
> —Pues, justo antes de subir al tren.
> —Exactamente. Y nuestro sabio Padre que está en los cielos también sabe cuándo vamos a necesitar ciertas cosas. No vayas por delante de Él, Corrie.[1]

Si le piden a Dios, Él les dará sabiduría cuando la necesiten. Pidan. Escuchen. No apuren al Espíritu Santo. Y estén preparados para la sabiduría que ha de venir, les haga o no sentirse incómodos.

Orar por el cónyuge

John es una de mis personas favoritas en el mundo. Prefiero pasar el tiempo con él que con cualquier otra persona. (Me gustaría saber embotellar y vender este tipo de atracción). Mi fiel comentario cuando alguien me hace un cumplido sobre él es: "No lo merezco, pero lo valoro. Y desde hace mucho".

Amo y valoro a John, sin embargo no siempre he sido constante en tenerlo en mis oraciones. Cuando no lo hago, pierdo la oportunidad más importante que tengo de demostrarle cuánto lo amo y lo valoro.

Se han escrito muchos libros sobre cómo orar por nuestro cónyuge. Personas más entendidas que yo han elaborado página tras página tratando de ayudar y alentar en esta área. ¿Qué puedo añadir a tanta información? Déjenme sugerirles un plan para que les resulte más fácil orar por su cónyuge. Para mí funcionó.

Elijan un versículo edificante de las Escrituras. Oren ese versículo durante un mes.

Por ejemplo, 3 Juan 2:

"Amado, yo deseo que tú seas prosperado en todas las cosas, y que tengas salud, así como prospera tu alma".

Ahora inserten el nombre de su cónyuge:

"Yo deseo que tú, John, seas prosperado en todas las cosas, y que tengas salud, así como prospera tu alma".

La bendición recibida al orar la Palabra de Dios es doble. Están orando por su cónyuge y repitiendo la Palabra de Dios. La Palabra se está convirtiendo en parte de su rutina diaria y su recuerdo. Cuando se termine el mes, elijan otro pasaje. Como por ejemplo…

Filipenses 4:6:

Oro para que John "por nada esté afanoso, sino sean conocidas sus peticiones delante de Dios en toda oración y ruego, con acción de gracias".

Orar por los hijos

Es cierto lo que leemos en Santiago 5:16: "…La oración eficaz del justo puede mucho". Una vez escuché a alguien decir: "Cuando vaya al cielo y sepa lo poderosa que es la oración eficaz, desearé haber orado más". No se pierdan la oportunidad de orar por su hijo. ¿Por qué cosas pueden orar? Recomiendo que oren pidiendo sabiduría. Cuando su hijo o hija sea capaz de discernir lo que está mal y lo que está bien, cuando sea capaz de tomar una buena decisión en lugar de una menos buena, eso es sabiduría. Y por supuesto, elegir seguir a Jesús es la mejor opción.

Oren para que Dios dé a su hijo *valor*. A veces la sabiduría no es suficiente. Se necesita valor para llevar a cabo lo que se ha aprendido a través de la sabiduría. Se necesita valor para apartarse de la multitud cuando esta se mueve en la dirección equivocada. Se necesita valor para confiar en la Palabra cuando los demás a tu alrededor te están diciendo que no lo hagas.

El valor no es falta de temor. El valor es temor colocado en el lugar correcto. Es adecuado y positivo temer al Señor. Por decirlo de forma sencilla, temer al Señor indica que creemos en Él y que sus instrucciones no pueden ser ignoradas. En lo que se refiere a ser padres, Dios no nos habla a través de su Palabra para que "lo oigamos rugir". Oren para que su hijo tenga valor y obedezca las instrucciones del Señor.

Oren pidiendo que tenga sabiduría. Oren para que tenga valor. Y oren pidiendo intervención en las *preocupaciones de su hijo*. Esas preocupaciones cambiarán mucho a medida que su hijo madure. El niño que empieza a caminar puede que necesite una oración por sus chichones o rasguños. Su hijo de preescolar puede necesitar oración por su compañero de la escuela dominical. El que va a la escuela elemental puede tener preocupaciones referentes al colegio… cómo le va, si comprende las explicaciones o no, o incluso sus relaciones con los demás compañeros o con el maestro. Oren pidiendo por aquello que preocupa a su hijo. Y recuerden orar también por la *protección* de su hijo.

¿La voluntad de quién?

No hace mucho, yo era muy consciente de que uno de mis hijos necesitaba orar. Estaba pasando por momentos difíciles y necesitaba ayuda divina, valor, intervención y protección. Rogué al Señor que hiciera lo que *yo* sabía que mi hijo necesitaba más. *¿Pedí* por lo que era mejor para mi hijo? No, no quería pedirlo, porque no quería que la respuesta fuera distinta a lo que yo había decidido que era mejor para él. Una mañana justo después de terminar de orar, pidiendo prácticamente que se hiciera *mi* voluntad, pude sentir muy bajito la tranquila voz del Señor: "Kendra, ¿se te ha olvidado que yo lo amo más que tú?". Sí, lo había olvidado. Dejé de hacer lo que estaba haciendo, me arrepentí de mi arrogancia y oré para que se hiciera la voluntad del Señor en la vida de mi hijo. Sé que su voluntad es la mejor. De hecho, es perfecta.

Orar por los demás

Uno de los grandes privilegios que uno tiene es orar por otras personas. Además de orar por uno mismo, por el cónyuge o por los hijos, hay otros que pueden beneficiarse de nuestra intervención. En nuestra iglesia, tenemos un tiempo cada semana para que la congregación hable de sus alegrías y sus preocupaciones. Si ocurre lo mismo en su iglesia, anoten lo que se dice allí. Si no toman nota de las preocupaciones, será muy difícil que las recuerden más tarde. Se pueden anotar en el boletín de la iglesia y luego colocarlas en el refrigerador al llegar a casa. La lista está para recordarle a toda la familia que oren por las necesidades expresadas allí. Incluso se puede orar por una o dos de las preocupaciones cada noche a la hora de la cena. Demostrando su interés en las necesidades de los demás miembros de la iglesia, están sirviendo de modelo para su hijo.

Una de las cosas que me gustaría haber hecho cuando mis hijos eran pequeños es apadrinar a un niño. La maravillosa organización *Compassion International* [Compasión internacional] permite a las personas ofrecer dinero y oración a favor de los niños menos afortunados del mundo. En la actualidad, John y yo apadrinamos una niña llamada Joilan de la República Dominicana. Tenemos su fotografía en el refrigerador, y la tengo siempre presente en mi lista de oraciones. Hubiera sido una gran lección para nuestros hijos presentarles a uno de esos niños cuando ellos todavía eran también pequeños.

Mediten la idea de apadrinar un niño y enseñarle así a su hijo la realidad global de lo que significan las necesidades físicas y espirituales por las que la familia puede orar.

Recuerde los pasos que hemos dado. Paso 1: Orar; Paso 2: Orar; Paso 3: Orar; y…

PASO 4: *Orar.*

> *"Otra vez os digo, que si dos de vosotros se pusieren de acuerdo en la tierra acerca de cualquiera cosa que pidieren, les será hecho por mi Padre que está en los cielos. Porque donde están dos o tres congregados en mi nombre, allí estoy yo en medio de ellos".*
> —Mateo 18:19-20

Orar con el cónyuge

Ya hemos hablado de orar por el cónyuge. La sugerencia ahora es orar *con* el cónyuge. Ya saben lo importante que es jugar en el mismo equipo y cantar la misma canción para ser padres. Nada facilitará más esto que orar juntos.

El mayor obstáculo que tiene una pareja a la hora de orar juntos es comenzar. "¿Cuándo deberíamos orar juntos? ¿Cómo deberíamos hacerlo?". Estas son las dos preguntas más frecuentes. No hay una respuesta específica para ninguna de ellas. Déjenme que les dé unas cuantas ideas de lo que funcionó en nuestro hogar y en el de otras personas.

¿Cuándo?

De recién casados, estaba segura de que John y yo estábamos dotados de relojes internos completamente opuestos entre sí. Él era una de esas personas que se iba pronto para la cama y se levantaba temprano, yo prefería ir a dormir tarde. No hay una opción buena, y otra mala, pero si tú y tu cónyuge tienen relojes internos diferentes, han eliminado dos de los momentos más convenientes para orar juntos… antes de irse a la cama o al despertarse por la mañana.

Mis hábitos nocturnos se hicieron imposibles cuando nuestros hijos alcanzaron la edad escolar. Parte de mi responsabilidad eran las tareas de primera hora de la mañana. Hacer la transición no fue fácil, pero sí necesario. (Recordemos de nuevo uno de los primeros pasos prácticos que dimos: no se trata solo de uno mismo). Me acuerdo de haberle dicho a John lo difícil que era levantarme temprano por la mañana. También recuerdo su respuesta: "No tienes problemas para levantarte. Tienes problemas para irte a la cama". Una buena observación. Cambiar de levantarme tarde por las mañanas a hacerlo temprano nos proporcionó tiempo para estar juntos en ambas partes del día… tiempo para orar juntos.

> EN PROMEDIO, LOS PADRES CRISTIANOS ORAN CON SU CÓNYUGE UNA VEZ A LA SEMANA.

Si no les viene bien orar juntos por la noche o a primera hora de la mañana, hablen para ponerse de acuerdo sobre cuál sería el mejor momento. Sean flexibles. Si la hora del desayuno es la mejor para ambos, ¡estupendo! Cuando estén eligiendo el momento adecuado, recuerden que no debe haber ninguna, o prácticamente ninguna, interrupción. Mantengan ese objetivo: se trata de orar con el cónyuge. Hagan lo que tengan que hacer para descubrir cuál es el mejor momento para ambos.

¿Cómo?

Orar juntos a menudo requiere que se dialogue sobre la preparación. Empiecen su tiempo de oración conversando. Sugiero que discutan las preocupaciones que tienen sobre su hijo. ¿Qué problemas y qué circunstancias se han producido recientemente? ¿Qué respuestas han obtenido a las oraciones anteriores? La comunicación con el cónyuge (o la preparación para orar) es un aspecto muy importante de *cómo* orar. A través de esta charla, se puede llegar a un acuerdo. Después, desde ese acuerdo, se puede pedir, interceder y alabar a Dios juntos. Si uno de los dos se siente más cómodo orando en voz alta, que sea el que encabece la oración. El otro tiene libertad para decir lo que quiera en cualquier momento, pero sin sentirse presionado a hacerlo. Cuanto más larga sea la oración juntos, más cómodos se sentirán. A John y a mí nos gusta tomarnos de la mano cuando oramos juntos, pero recuerden lo que hemos aprendido sobre la *actitud* de orar. No es la postura; es el corazón que ponemos en ello. Orar con el cónyuge es importante y es una elección.

Orar con los hijos

Orar por los hijos *y* con los hijos. Esto es un poco más fácil de coordinar que cuando se trata de orar con el cónyuge, especialmente si se ha empezado cuando el niño es todavía pequeño. La rutina establecida para orar juntos se convertirá en "normalidad" para su hijo.

¿Cuándo?

Empecemos hablando de *cuándo* orar. Existen muchas opciones, y no hay por qué limitarlas a una sola vez al día. Pueden comenzar el día orando juntos. Pueden orar cuando el niño se va a la cama. La hora de la comida también es un buen momento. Sin duda, las preocupaciones especiales surgirán durante el día; aproveche también estos momentos. Cada golpe y arañazo, cada rasguño puede empujar a la oración. Un día o dos después de pedirle a Dios que cure una rodilla que sangra, asegúrense de dar gracias a Dios por la costra que se ha formado y por la herida que se está curando.

> EN PROMEDIO, LOS PADRES CRISTIANOS ORAN CON SUS HIJOS SOLO TRES DÍAS A LA SEMANA.

Cuando su hijo esté en edad escolar, a menos que lo estén educando en casa, permanecerá fuera del hogar varias horas al día. Este es un buen momento para reafirmar un tiempo específico para orar juntos. Nosotros orábamos con los niños por la mañana después de desayunar. Orábamos con cada uno de ellos individualmente a la hora de irse a la cama hasta que fueron lo suficientemente mayores como para orar solos. Estén preparados para cambiar la rutina, el *cuándo* de las oraciones, en cuanto la situación cambie. Por cierto, cuando los niños estén en el colegio, háganles saber que estarán orando por ellos a lo largo del día y recuérdenles que ellos también pueden hacerlo.

¿Cómo?

Como padres, lo más probable es que al principio tomen la iniciativa de orar con su hijo. Le pueden preguntar qué le gustaría incluir en la oración: "¿Hay alguien especial por quien quieras orar?". Puede que les sorprenda saber lo que su hijo tiene en mente. Recuerden: *nada* que a su hijo le parezca importante debería ser considerado sin importancia. Déjenle que añada nombres y circunstancias para que sienta que las oraciones son suyas. Mi esposo y yo muchas veces añadíamos el nombre de un amigo o familiar a sugerencia de nuestro hijo, solo para descubrir más tarde que la necesidad había existido.

Que el vocabulario sea simple y acorde a la edad de su hijo. Los objetivos de este tiempo de oración juntos son muchos. La oración se está convirtiendo en parte regular de su vida. Ustedes le están enseñando que la oración no es un ejercicio trivial, sino una comunicación con el amoroso Padre celestial. Orar es un privilegio. Ustedes están expresando su amor tanto por su hijo como por el Señor al tomarse el tiempo para orar juntos. Y están invirtiendo por adelantado en la vida de oración de su hijo adulto. El *cuándo* y el *cómo* con su hijo son importantes, pero es mucho más importante llevarlo a cabo. Como dice el eslogan de Nike: ¡Simplemente hazlo!

Recapitulemos. Paso 1: Orar; Paso 2: Orar; Paso 3: Orar; Paso 4: Orar; y finalmente...

PASO 5: *Orar.*

> *"Si se humillare mi pueblo, sobre el cual mi nombre es invocado, y oraren, y buscaren mi rostro, y se*

*convirtieren de sus malos caminos; entonces yo oiré
desde los cielos, y perdonaré sus pecados, y sanaré su
tierra".*

—2 Crónicas 7:14

Ahora que llegamos a este último paso de la estrategia final, me esfuerzo en presentarles un argumento persuasivo y poderoso para que oren, oren, oren. ¿Les cuento una vez más lo poderosa que fue la oración en mi vida? ¿Les señalo los libros de oración de reconocidos teólogos y autores famosos? ¿Les cito pasajes de las Escrituras sobre la importancia y el privilegio de la oración? No, he decidido que lo mejor que puedo hacer es detenerme y orar por ustedes. No sé sus nombres ni el de su hijo. No conozco sus circunstancias o su situación, pero conozco a su Padre celestial. Oremos.

*Padre, vengo a ti hoy a interceder por los lectores de este libro.
Las pruebas, los retos y las alegrías de ser padres son numerosos.
Tú conoces las necesidades de esta familia. Y Tú amas a estos
lectores y a sus hijos más de lo que las palabras son capaces de
expresar. Oro para que Tú atiendas sus necesidades.*

*Tu Palabra promete que podemos pedir sabiduría y que Tú
nos la concederás. Da a estos padres sabiduría para educar a su
hijo y para otros aspectos de su vida. Concede la gracia necesaria
para que sean buenos modelos de comportamiento. Anímalos a
ser alentadores, a estar presentes, a disciplinar con amor, y a
permitir el fracaso y el éxito. En resumen, ayuda a estos lectores
a ser padres piadosos.*

*Gracias, Señor, por ser el padre de todos los que tienen fe en
ti. Gracias por estar accesible y por disfrutar de la comunión con
tus hijos. Gracias por el privilegio de orar juntos esta oración.*

En nombre de tu precioso hijo, en el nombre de Jesús, amén.

PASOS PRÁCTICOS:

PASO 1: Orar.

PASO 2: Orar.

PASO 3: Orar.

PASO 4: Orar.

PASO 5: Orar.

Unas acertadas palabras de John, el padre

Se han escrito muchos libros sobre cómo orar, cuándo orar y los diferentes tipos de oración. Pueden ser herramientas útiles. Incluso los discípulos, los hombres que realmente caminaban con Jesús, necesitaban ayuda cuando se trataba de orar. Iban directo a Él. "Aconteció que estaba Jesús orando en un lugar, y cuando terminó, uno de sus discípulos le dijo: Señor, enséñanos a orar..." (Lc. 11:1).

Orar en su forma más simple es hablar con Dios. Es una consecuencia natural de amarlo, confiar en Él y buscar su reino por encima de todo. Jesús no tuvo dificultades para orar. Amaba a su Padre celestial, confiaba en Él y era diligente intentando buscar su reino y hacer su voluntad. Eso hacía que la oración fuera natural y necesaria para Jesús. Aprovechaba cada oportunidad que tenía para orar. Como nosotros amamos al Señor, confiamos en Él y deseamos hacer su voluntad, también nos resultará natural y necesario conversar con Dios.

Nuestra familia iba de vacaciones a la costa este un verano. Mientras pasábamos por Filadelfia, nos detuvimos en una tienda para comprar algunas cosas. Los chicos y yo nos quedamos en el coche, y Kendra fue a comprar. Cuando salía del auto, uno de los chicos sonrió y gritó: *"No hables con nadie que no conozcas"*. Ya ven, nuestros hijos conocían a su madre. A Kendra le encanta charlar con las personas. Con los amigos de siempre y con nuevos amigos que podría conocer en un supermercado en Filadelfia. Le encanta hablar con otros para conocerlos.

Así de natural debería ser una oración. Deberíamos simplemente disfrutar de hablar con Dios y conocerlo mejor. Orar no es solo pedir cosas. Orar no es solo una disciplina. Orar no se trata de ti o de mí; se trata de Dios. La oración está conectada con el Señor y hace que Él sea lo primero en nuestras vidas. La oración puede ser tan natural y maravillosa como Kendra charlando con un viejo amigo o uno nuevo, mientras toman una taza de té o en medio de un supermercado de Filadelfia.

Y la oración es necesaria. No es fácil ser padres. Necesitamos ayuda. Necesitamos la ayuda de nuestro Padre celestial. Amarlo. Confiar en Él. Buscar el reino de Dios primero. Y orar sin cesar.

Conclusión

"¿Qué quieres ser cuando seas grande?". ¿Recuerdan haber escuchado esta pregunta cuando eran niños? Es probable que la hayan escuchado en el colegio e incluso en la facultad (especialmente de sus padres, si cambiaron de especialidad más de una vez). "¿Qué quieres ser de mayor?".

Normalmente respondemos a esta pregunta con la carrera que nos interesa. Mi respuesta siempre era: "Quiero ser maestra". Después de llevar casada varios años y enseñar en colegios la mayor parte de este tiempo, mi respuesta empezó a ser: "Quiero ser madre". Y eso fue lo que sucedió cuando quedé embarazada y nació nuestro primer hijo. Y así suele ocurrirles a todos los padres y madres. Se convierten en papá y mamá cuando nace su hijo. Para otros, la transición a mamá y papá se produce con la adopción.

Por largo y difícil que resulte el proceso de adopción o por largo y doloroso que sea el parto, convertirse en mamá y papá no es el reto final. El reto, la responsabilidad que nos manda Dios, es *ser padres*. Estas dos palabras suponen un gran privilegio, una gran oportunidad y una gran responsabilidad. El propósito de este libro ha sido formarlos para la tarea y animarlos a llevarla a cabo.

Si usan con diligencia las siete estrategias que se presentan en este libro, y aplican los cinco pasos prácticos que hay en cada una, irán por el buen camino para educar bien a sus hijos. ¿Y qué es un hijo bien educado? Alguien que ama a Dios, que obedece a Dios y que glorifica a Dios en lo que hace. ¡Qué bendición puede ser su hijo… para Dios, para ustedes y para el mundo! No duden en aceptar el reto, hacer la elección, ser padres.

El plan de salvación

Pidan a Dios que les hable mientras leen las siguientes Escrituras:

- Romanos 3:23. Todos han pecado.

- Romanos 6:23. La vida eterna es un regalo de Dios.

- Romanos 5:8. Por amor, Jesús pagó pena de muerte por nuestros pecados.

- Romanos 10:9-10. Confesar que Jesús es el Señor y creer que Dios lo resucitó de entre los muertos.

- Romanos 10:13. Pídanle a Dios que los salve, y Él lo hará.

Para poner su fe en Jesús y recibir su don de vida eterna, deben:

- Reconocer que Dios los creó para tener una relación de amor con Él. Quiere que lo amen con todo su ser.

- Reconocer que son pecadores y que no pueden salvarse por sí mismos.

- Creer que Jesús pagó la pena de nuestros pecados con su muerte en la cruz, resucitó de entre los muertos y venció así a la muerte.

- Confesar (estar de acuerdo con Dios) que sus pecados los separan de Él.

- Arrepentirse de los pecados (volver la espalda al pecado y acudir a Dios).

- Pedir a Jesús que los salve por medio de su gracia (favor que no se merecen).

- Darle a Jesús el gobierno de su vida. Dejar que Él sea su Señor.

Si ya han tomado esta importante decisión, llamen a alguien y compartan con él las buenas nuevas de lo que Dios ha hecho en su vida. Después, compartan su decisión con la iglesia.

Notas

Estrategia #1: Ser padres

1. Henry T. Blackaby y Claude V. King, *Experiencing God* [*Experiencia con Dios*] (Nashville: Broadman and Holman, 1994), p. 35. Publicado en español por B&H en Español.

Estrategia #2; Ser modelos de comportamiento

1. Nicholas Boothman, *How to Make People Like You* [*Cómo caer bien a los demás*] (New York: Workman Publishing, 2000), p. 55. Publicado en español por Ediciones Oniro.

Estrategia #4: Ser alentadores

1. Wayne Rice, *Understanding Your Teenager Seminar Notebook* [Cuaderno del Seminario Entiende a tu adolescente] (Lakeside, Calif., 2005), p. 27.

Estrategia #5: Disciplinar con amor

1. Dr. James Dobson, *Dare to Discipline* [*Atrévete a disciplinar*] (Wheaton: Tyndale, 1986), p. 44. Publicado en español por Editorial Vida.

Estrategia #7: Orar

1. Corrie ten Boom con John y Elizabeth Sherrill, *The Hiding Place* [*El Refugio Secreto*] (Carmel, N. Y.: Guideposts, 1971), p. 33. Publicado en español por Editorial Vida.

Apéndice

Fuente: Henry T. Blackaby y Claude V. King, *Experiencing God* [*Experiencia con Dios*] (Nashville: Broadman and Holman, 1994), p. 2.

Edificar un matrimonio saludable dará a tus hijos una gran ventaja en la vida. Con su estilo fresco, humorístico e inimitable, Kendra nos obliga a pensar de nuevo en lo importante que es un matrimonio sólido para el bienestar de nuestros hijos. Cuando haces las elecciones correctas en tu matrimonio, estás haciendo las elecciones correctas para tus hijos.

ISBN: 978-0-8254-1794-8

Disponible en su librería cristiana favorita o en www.portavoz.com

La editorial de su confianza

El mensaje central del libro es: Para disfrutar "el matrimonio que siempre ha deseado", tiene que primero ser la persona que Jesús siempre ha deseado que sea. Trata entre otros los temas de la comunicación, las expectativas y el reto de cómo manejar el dinero. Este libro es continuación de *Los cinco lenguajes de amor*.

ISBN: 978-0-8254-0504-4

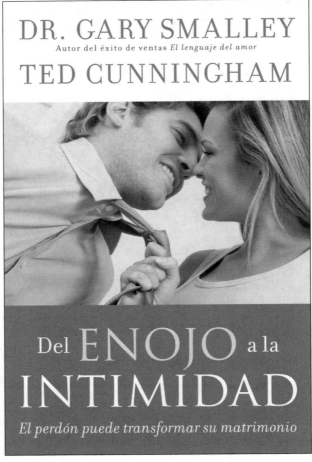

DR. GARY SMALLEY
Autor del éxito de ventas *El lenguaje del amor*

TED CUNNINGHAM

Del ENOJO a la
INTIMIDAD
El perdón puede transformar su matrimonio

Junto con su pastor y buen amigo, Ted Cunningham, Smalley desprende las capas del enojo para exponer el núcleo emocional de la cólera y la amargura. Ellos le muestran cómo el hecho de hablar de ese dolor puede redundar en una intimidad profunda y un matrimonio que perdure. No permita que el enojo socave su relación más preciada. Aprenda a edificar un firme fundamento de amor, confianza y seguridad al perdonar. Ideal para matrimonios, recién casados o novios, así como para consejeros matrimoniales y pastores.

ISBN: 978-0-8254-1787-0

Disponible en su librería cristiana favorita o en www.portavoz.com

La editorial de su confianza

Lo que toda mujer necesita de un hombre

Cómo hacer que ella se sienta amada

EMILIE BARNES

En sus más de treinta años de ministerio a la mujer, Emilie Barnes ha escuchado miles de historias de citas y matrimonios algunas positivas, otras negativas. Basándose en estas y en sus cincuenta años de estar felizmente casada, Emilie ofrece a los esposos información clave para entender a las mujeres y hacer que ellas se sientan amadas. *Lo que toda mujer necesita de un hombre* ayudará a los hombres a fortalecer y añadir romance a su matrimonio.

ISBN: 978-0-8254-1206-6